Dr. Oetker

Deutsche Küche

Die Klassiker

Dr. Oetker

Deutsche Küche

Die Klassiker

Dr. Oetker Verlag

Vorwort

„Heimat kann man schmecken!"

Geruch, Geschmack und Genuss von vertrauten regionalen Spezialitäten bleiben unverwechselbar. Ehrliche Produkte und über Generationen weitergegebene Rezepte lassen Traditionen immer wieder lebendig werden und ermöglichen es, das Zuhause-Gefühl sinnlich zu erfahren.

Die deutsche Küche bietet eine enorme Vielfalt und ermöglicht überraschende Entdeckungen. Machen Sie eine kulinarische Reise durch die Regionen und erleben Sie Heimat immer wieder neu – vom Hamburger Pfannfisch bis zu Schwarzwälder Schäufele, von Bayerischen Leberknödeln bis zur Friesischen Streuseltorte, vom Berliner Eisbein bis zum Rheinischen Sauerbraten oder von der Frankfurter Grünen Soße bis zum Thüringer Rostbrätel.

Geschmäcker kennen keine Grenzen. Deshalb gibt es im deutschsprachigen Raum viele Rezepte, die kulturelle Wurzeln in mehreren Ländern haben und heute gleichermaßen in Deutschland, Österreich, der Schweiz oder Tschechien geschätzt werden. Bekannte Beispiele sind Züricher Geschnetzeltes, Wiener Schnitzel, Salzburger Nockerln, Vanillekipferl oder böhmische Buchteln.

Lassen Sie sich Deutschland auf der Zunge zergehen.
Guten Appetit!

Wurst-Käse-Salat

Der ideale Frischluft-Snack.

Natur pur:
St. Bartholomä am Königssee

4 Portionen
250 g Zwiebeln
250 g Emmentaler
350 g Fleischwurst
75 g abgetropfte Gewürzgurken (aus dem Glas)

Für die Sauce:
2 EL Weißweinessig
2 EL Wasser
1 TL mittelscharfer Senf
Salz
gem. Pfeffer
Zucker
4 EL Speiseöl, z. B. Sonnenblumenöl
1 EL Schnittlauchröllchen

Zubereitungszeit: 35 Minuten
Durchziehzeit: etwa 1 Stunde

1 Zwiebeln abziehen und zunächst in Scheiben schneiden, dann in Ringe teilen. Zwiebelringe in kochendes Wasser geben, etwa 2 Minuten kochen, dann in ein Sieb geben und abtropfen lassen.

2 Emmentaler entrinden und in Streifen schneiden. Die Fleischwurst enthäuten. Fleischwurst und Gewürzgurken in Scheiben schneiden, Wurstscheiben evtl. halbieren.

3 Für die Sauce Essig mit Wasser, Senf, Salz, Pfeffer und Zucker verrühren. Das Öl unterschlagen. Die Salatzutaten mit der Sauce vermengen. Den Salat etwa 1 Stunde durchziehen lassen. Den Wurst-Käse-Salat mit Schnittlauchröllchen bestreut servieren.

Tipp: Den Wurst-Käse-Salat als kleine Mahlzeit mit Laugenbrötchen oder -brezeln oder als Partysalat servieren. Sie können den Salat auch mit Geflügelfleischwurst oder Kasseler zubereiten.

Kartoffelsalat mit Mayonnaise

Sehr anpassungsfähig. Besonders bei Leberkäse, Würstchen oder Frikadellen.

4 Portionen
800 g festkochende Kartoffeln
2 Zwiebeln
100 g abgetropfte Gewürzgurken (aus dem Glas)
3 hart gekochte Eier

Für die Sauce:
6 EL Salatmayonnaise
3 EL Gurkenflüssigkeit (aus dem Glas)
1 EL mittelscharfer Senf
Salz
gem. Pfeffer

Zubereitungszeit: 45 Minuten, ohne Abkühlzeit
Durchziehzeit: etwa 30 Minuten

1 Die Kartoffeln unter fließendem Wasser abbürsten, knapp mit Wasser bedeckt, zugedeckt zum Kochen bringen und in etwa 20 Minuten gar kochen.

2 Kartoffeln abgießen, mit kaltem Wasser abschrecken, abtropfen lassen. Die Kartoffeln noch warm pellen und in Scheiben schneiden. Die Kartoffelscheiben in eine große Salatschüssel geben.

3 Zwiebeln abziehen und fein würfeln. Gewürzgurken und die gepellten Eier in Scheiben schneiden.

4 Für die Sauce Mayonnaise mit Gurkenflüssigkeit und Senf verrühren. Die Zutaten mit den abgekühlten Kartoffelscheiben und der Sauce vermengen. Den Salat mit Salz und Pfeffer würzen, mindestens 30 Minuten durchziehen lassen.

Tipps: Den Salat mit abgespülten, trocken getupften Petersilienblättchen garnieren. Dazu schmecken Wiener Würstchen.

Süddeutscher Kartoffelsalat

Leicht. Lauwarm. Lecker.

4 Portionen
1 kg festkochende Kartoffeln
1 Lorbeerblatt

Für die Sauce:
2 Zwiebeln
50 g gewürfelter durchwachsener Speck
etwa 100 ml Speiseöl, z. B. Rapsöl
4–5 EL Kräuteressig
125 ml heiße Gemüsebrühe
Salz
gem. Pfeffer
2 EL Schnittlauchröllchen

Zubereitungszeit: 50 Minuten, ohne Durchziehzeit

1 Die Kartoffeln unter fließendem Wasser abbürsten, mit dem Lorbeerblatt knapp mit Wasser bedeckt, zugedeckt zum Kochen bringen und in etwa 20 Minuten gar kochen. Die Kartoffeln nicht zu weich kochen lassen.

2 Für die Sauce in der Zwischenzeit Zwiebeln abziehen und würfeln. Speckwürfel in einem Topf mit 1 Esslöffel Öl braten. Zwiebelwürfel zugeben, dann mit Essig und Brühe ablöschen, etwa 3 Minuten ziehen lassen. Die Sauce mit Salz und Pfeffer würzen.

3 Die Kartoffeln abgießen, abtropfen lassen, heiß pellen, in Scheiben schneiden und in eine hitzebeständige Schüssel geben. Die Sauce mit den warmen Kartoffelscheiben vorsichtig vermengen, nach und nach restliches Öl zugeben. Den Salat einige Stunden durchziehen lassen.

4 Den Backofen vorheizen.
Ober-/Unterhitze: etwa 150 °C
Heißluft: etwa 130 °C

5 Den Salat mit Salz, Pfeffer und Essig nochmals abschmecken. Die Schüssel mit dem Salat auf dem Rost in den vorgeheizten Backofen schieben. Den Salat 15–20 Minuten wärmen, dabei gelegentlich durchschwenken. Schnittlauch unterrühren. Den Salat warm servieren.

Fleischsalat

Fleischsalat (im Foto vorne)

Schneiden, mischen, würzen – fertig! Einfach und einfach lecker.

10 Portionen
600 g Lyoner Fleischwurst, in Scheiben
720 g abgetropfte Gewürzgurken (aus dem Glas)
50 ml Gurkensud (aus dem Glas)
1 Bund glatte Petersilie
200 g Salatmayonnaise
200 g Joghurt
2 TL mittelscharfer Senf
Salz
gem. Pfeffer

Zubereitungszeit: 40 Minuten

1 Für den Fleischsalat die Fleischwurstscheiben halbieren und in feine Streifen schneiden. Von den Gewürzgurken den Sud auffangen, 50 ml abmessen und beiseitestellen. Die Gurken zunächst längs in Scheiben, dann in Streifen schneiden. Petersilie abspülen, trocken tupfen und die Blättchen von den Stängeln zupfen. Blättchen klein schneiden.

2 Mayonnaise mit Joghurt, Senf und Gurkensud in einer Salatschüssel gut verrühren. Die Marinade mit Salz und Pfeffer würzen.

3 Fleischwurst-, Gurkenstreifen und Petersilie zu der Marinade in die Schüssel geben. Die Zutaten gut verrühren. Den Fleischsalat nochmals mit den Gewürzen abschmecken.

Heringssalat (im Foto hinten)

Schon bei Bismarck hoch im Kurs.

15 Portionen
800 g Kartoffeln
7 abgetropfte doppelte Bismarck-Heringsfilets (je 250 g)
600 g gegarte Rote Bete (vakuumverpackt)
5 Äpfel, z. B. Holsteiner Cox
720 g abgetropfte Gewürzgurken (aus dem Glas)
5 EL Gurkensud (aus dem Glas)
5 rote Zwiebeln
1 Bund Dill
5 EL Salatmayonnaise
200 g Joghurt
2 EL ger. Meerrettich
2 TL mittelscharfer Senf
1 gestr. TL Salz
1 EL Zucker
4 hart gekochte Eier

Zubereitungszeit: 30 Minuten, ohne Abkühl- und Einlegezeit
Garzeit: etwa 20 Minuten

1 Die Kartoffeln unter fließendem Wasser abbürsten, knapp mit Wasser bedeckt, zugedeckt zum Kochen bringen und in etwa 20 Minuten gar kochen. Kartoffeln abgießen, mit kaltem Wasser abschrecken, abtropfen lassen, noch warm pellen. Dann abkühlen lassen und in Würfel schneiden. Heringsfilets etwa 30 Minuten in kaltes Wasser legen. Dann herausnehmen, abtropfen lassen und in Streifen schneiden.

2 Die Rote Bete in Würfel schneiden. Äpfel schälen, vierteln, entkernen und in Stücke schneiden. Von den Gewürzgurken den Sud auffangen, 5 Esslöffel abmessen und beiseitestellen. Gurken in Würfel schneiden. Zwiebeln abziehen, halbieren und in feine Streifen schneiden.

3 Die Kartoffelwürfel, Heringsfiletstreifen, Rote-Bete-Würfel, Apfelstücke, Gurkenwürfel und Zwiebelstreifen in einer großen Schüssel mischen. Dill abspülen, trocken tupfen und die Spitzen von den Stängeln zupfen. Einige Spitzen zum Garnieren beiseitelegen. Restliche Spitzen fein hacken und unter die Salatzutaten heben.

4 Mayonnaise mit Joghurt, Gurkensud, Meerrettich und Senf gut verrühren, mit Salz, Pfeffer und Zucker würzen, dann unter den Salat heben. Die Eier pellen, vierteln und unterheben. Den Heringssalat mit den beiseitegelegten Dillspitzen garnieren.

Krautsalat

Am zweiten Tag noch mal so gut.

Weißkohl, so weit das Auge reicht

8–12 Portionen

1–1 ½ kg Weißkohl
300 g Gemüsezwiebeln
1 TL Kümmelsamen
5 EL Speiseöl, z. B. Sonnenblumen- oder Rapsöl
150 g Speckwürfel
5 EL Weißweinessig
1 TL Selleriesalz
1 TL Salz
½ TL gem. Pfeffer
1–2 EL Zucker
1–2 TL ger. Meerrettich (aus dem Glas)

Zubereitungszeit: 30 Minuten
Durchziehzeit: etwa 1 Stunde

1 Von dem Weißkohl die äußeren Blätter entfernen. Den Kohl vierteln, den Strunk herausschneiden. Den Kohl in feine Streifen schneiden oder hobeln, abspülen und abtropfen lassen. Zwiebeln abziehen und in feine Streifen schneiden. Die Kohl- und Zwiebelstreifen in eine große Schüssel geben. Kümmel mit einigen Tropfen Öl auf einem Brett grob hacken (Hinweis: Das Öl dient dazu, dass der Kümmel beim Hacken nicht wegspringt).

2 Von dem Öl 1 Esslöffel in einer Pfanne erhitzen. Die Speckwürfel darin knusprig braten, herausnehmen, auf Küchenpapier abtropfen lassen.

3 Für die Marinade restliches Öl, Essig, Selleriesalz, Salz, Pfeffer, Zucker und Meerrettich in einen Topf geben. Die Zutaten unter Rühren einmal aufkochen.

4 Die heiße Marinade über den Weißkohlsalat geben. Die Zutaten gut vermengen und den Salat etwa 1 Stunde durchziehen lassen.

5 Den Salat vor dem Servieren mit Salz, Pfeffer, Meerrettich und Zucker abschmecken, mit den Speckwürfeln bestreut servieren.

Tipps: Zum Krautsalat schmeckt gebratener Fleischkäse. Sie können den Salat bereits einen Tag vor dem Verzehr zubereiten. Wenn Sie den Krautsalat durchkneten, wird er noch weicher und zieht besser durch.

Variante: Für einen **vegetarischen Krautsalat** den Speck weglassen. Dafür 2 Esslöffel Sonnenblumenkerne in einer Pfanne ohne Fett rösten und daraufstreuen.

Erbsensuppe mit Würstchen

Nach einem langen Winterspaziergang
gibt es nichts Besseres.

4 Portionen
350 g getrocknete, ungeschälte Erbsen
200 g durchwachsener geräucherter Speck
1 Zwiebel
1 ½ l Wasser, Fleisch- oder Gemüsebrühe (ungesalzen)
1 kleiner Knollensellerie
2 Möhren
1 kleine Stange Porree (Lauch)
600 g mehligkochende Kartoffeln
je etwas gerebelter Majoran und Thymian
Salz
gem. Pfeffer
4 Wiener Würstchen
1 kleines Bund Petersilie

Zubereitungszeit: 20 Minuten, ohne Einweichzeit
Garzeit: 90–100 Minuten

1 Die Erbsen abspülen, dann in Wasser mindestens 12 Stunden einweichen. Dabei darauf achten, ausreichend Wasser (etwa 750 ml) zu nehmen, da die Erbsen sehr viel Wasser aufnehmen. Anschließend die Erbsen in ein Sieb gießen und abtropfen lassen.

2 Den Speck in Würfel schneiden. Zwiebel abziehen, halbieren und fein würfeln. Einen großen Topf erhitzen. Zunächst die Speckwürfel darin auslassen, dann die Zwiebelwürfel dazugeben und glasig dünsten.

3 Wasser, Fleisch- oder Gemüsebrühe sowie die Erbsen hinzufügen. Die Zutaten bei mittlerer bis schwacher Hitze zugedeckt etwa 1 Stunde garen.

4 In der Zwischenzeit Sellerie, Möhren und Porree putzen, abspülen, abtropfen lassen und in kleine Stücke schneiden. Kartoffeln schälen, abspülen, abtropfen lassen und in Würfel schneiden. Alle Zutaten zusammen knapp mit Wasser bedeckt beiseitestellen.

5 Nach Ende der Stunde Garzeit das Gemüse mit den Kartoffeln und dem Wasser in den Erbseneintopf geben. Majoran und Thymian hinzufügen. Die Suppe mit etwas Salz und Pfeffer würzen. Anschließend weitere 30–40 Minuten bei mittlerer bis schwacher Hitze zugedeckt köcheln lassen.

6 Die Würstchen in Scheiben schneiden. Petersilie abspülen, trocken tupfen und die Blättchen von den Stängeln zupfen. Blättchen fein hacken.

7 Würstchen in die Suppe geben und darin erhitzen. Die Erbsensuppe nochmals mit Salz und Pfeffer abschmecken und mit Petersilie bestreut servieren.

Tipps: Die Erbsen erst mit Salz würzen, wenn sie gar sind. Sonst verlängert sich die Kochzeit.
Die im Rezept angegebene Menge Wasser oder Brühe bezieht sich nur auf die kürzeste Kochzeit. Eventuell Wasser oder Brühe nachgießen.
Statt Petersilie können Sie die Erbsensuppe auch mit Schnittlauchröllchen bestreut servieren.
Die Erbsensuppe schmeckt aufgewärmt am nächsten Tag noch mal so gut. Sie lässt sich auch sehr gut einfrieren.

Linseneintopf mit Mettwürstchen

Linseneintopf mit Mettwürstchen

Unser Vorschlag: Nehmen Sie doch mal Nachschlag!

4 Portionen
1 Bund Suppengrün (Möhre, Sellerie, Porree)
250 g getrocknete Tellerlinsen
375 g vorwiegend festkochende Kartoffeln
2 Zwiebeln
2 EL Speiseöl, z. B. Sonnenblumen- oder Rapsöl
1 ½ l Fleisch- oder Gemüsebrühe
4 Mettwürstchen (Rauchenden, je etwa 90 g)
Weißweinessig
Salz
gem. Pfeffer
1 Prise Zucker
2 EL grob gehackte Petersilie

Zubereitungszeit: 25 Minuten
Garzeit: etwa 25 Minuten

Typisches Fachwerkhaus in Nordrhein-Westfalen

1 Möhre putzen und schälen. Sellerie schälen. Sellerie und Möhre waschen und abtropfen lassen. Porree putzen, die Stange längs halbieren, gründlich waschen und abtropfen lassen. Vorbereitetes Suppengrün würfeln.

2 Die Tellerlinsen in ein Sieb geben und mit kaltem Wasser abspülen. Kartoffeln schälen, abspülen, abtropfen lassen und in Würfel schneiden. Zwiebeln abziehen, halbieren und in Scheiben schneiden.

3 Öl in einem Topf erhitzen, vorbereitetes Gemüse und Kartoffeln darin andünsten. Fleisch- oder Gemüsebrühe und Linsen zugeben, zum Kochen bringen und mit Deckel etwa 20 Minuten bei mittlerer Hitze kochen.

4 Die Mettwürstchen in Scheiben schneiden und kurz vor dem Ende der Garzeit im Eintopf mitkochen lassen.

5 Den Eintopf mit Essig, Salz, Pfeffer und etwas Zucker abschmecken und mit Petersilie bestreut servieren.

Tipp: Nach Belieben 1 Lorbeerblatt mitkochen und vor dem Servieren herausnehmen.

Kartoffelsuppe

Wie bei Muttern. Ein Teller randvoll mit Zuhause-Gefühl.

4–6 Portionen

500 g mehligkochende Kartoffeln
100 g Knollensellerie
1 Zwiebel
100 g Porree (Lauch)
40 g Butter
800 ml Gemüse- oder Fleischbrühe
150 g Crème fraîche
etwas gerebelter Majoran
etwas ger. Muskatnuss
Salz
gem. weißer Pfeffer

Zubereitungszeit: 15 Minuten
Garzeit: 20–30 Minuten

1 Kartoffeln und Sellerie schälen, abspülen, abtropfen lassen und in Würfel schneiden. Zwiebel abziehen, halbieren und ebenfalls in Würfel schneiden. Porree putzen, die Stange längs einschneiden, gründlich waschen und abtropfen lassen. Porree in möglichst feine Scheiben schneiden.

2 Butter in einem Topf zerlassen. Die Zwiebelwürfel darin glasig dünsten. Kartoffel-, Selleriewürfel und Porreescheiben dazugeben und kurz mitdünsten. Anschließend die Gemüse- oder Fleischbrühe hinzugießen. Die Zutaten zum Kochen bringen und bei schwacher bis mittlerer Hitze zugedeckt in 20–30 Minuten gar kochen.

3 Anschließend die Suppe mit einem Pürierstab pürieren, nochmals kurz erhitzen, dann die Crème fraîche unterrühren.

4 Die Kartoffelsuppe mit den Gewürzen abschmecken.

Tipps: Für eine **Kartoffelsuppe mit „westfälischem Kaviar“** die Suppe mit 2 Teelöffeln Mohnsamen bestreuen. Auch Schnippelschinken, fein geschnittener Räucherlachs oder einfach nur Croûtons schmecken lecker in der Suppe. Besonders luftig wird die Kartoffelsuppe, wenn Sie statt Crème fraîche 100 g cremig aufgeschlagene Sahne unter die Suppe heben.

Pichelsteiner

Pichelsteiner

Ein Essen wie der Bayerische Wald:
Ursprünglich, traditionell und handfest.

Lebendige Tradition. Seit 1874 feiert man in der Stadt Regen das Pichelsteinerfest.

4 Portionen

500 g gemischte Fleischsorten aus Schulter oder Nacken (Lamm, Schwein, Rind)
2 Zwiebeln
30 g Butterschmalz oder Margarine oder 3 EL Speiseöl
Salz
gem. Pfeffer
gerebelter Majoran
gerebelter Liebstöckel
500 ml Fleisch- oder Gemüsebrühe
250 g Möhren
375 g vorwiegend festkochende Kartoffeln
350 g Porree (Lauch)
300 g Weißkohl
2 EL gehackte Petersilie

Zubereitungszeit: 20 Minuten
Garzeit: etwa 1 Stunde

1 Fleisch mit Küchenpapier trocken tupfen und in etwa 2 cm große Würfel schneiden. Zwiebeln abziehen und in Scheiben schneiden.

2 Butterschmalz, Margarine oder Öl in einem Topf erhitzen. Die Fleischwürfel darin unter Rühren leicht anbraten. Dann die Zwiebelscheiben zufügen und kurz mitbraten.

3 Das Fleisch mit Salz, Pfeffer, Majoran und Liebstöckel würzen. Brühe zufügen, zum Kochen bringen und mit Deckel etwa 40 Minuten bei mittlerer Hitze kochen.

4 In der Zwischenzeit die Möhren putzen, schälen, abspülen und abtropfen lassen. Kartoffeln schälen, abspülen und abtropfen lassen. Beides in Würfel schneiden. Porree putzen, die Stangen längs einschneiden, gründlich waschen, abtropfen lassen und in Scheiben schneiden. Von dem Kohl die äußeren Blätter entfernen. Den Kohl vierteln und den Strunk herausschneiden. Kohl in schmale Streifen schneiden, abspülen und abtropfen lassen.

5 Nach Beendigung der Kochzeit das vorbereitete Gemüse und die Kartoffeln zufügen, wieder zum Kochen bringen. Pichelsteiner mit Salz und Pfeffer würzen und mit Deckel weitere etwa 20 Minuten garen.

6 Den Eintopf nochmals mit den Gewürzen abschmecken und mit Petersilie bestreut servieren.

Tipps: Geben Sie zusätzlich noch 1 Pastinake (Petersilienwurzel) hinzu. Dafür die Pastinake putzen, schälen, abspülen, abtropfen lassen und in Würfel schneiden. Die Pastinakenwürfel zusammen mit dem vorbereiteten Gemüse unter Punkt 5 hinzufügen.

4 Portionen
500 g Kasseler (ohne Knochen)
2 Zwiebeln
1 EL Speiseöl, z. B. Sonnenblumenöl
Salz
gem. Pfeffer
etwa 500 ml Gemüse- oder Fleischbrühe
750 g Steckrüben
500 g vorwiegend festkochende Kartoffeln
1 EL gehackte Petersilie

Zubereitungszeit: 30 Minuten
Garzeit: etwa 50 Minuten

1 Kasseler mit Küchenpapier trocken tupfen und in kleine Würfel schneiden. Zwiebeln abziehen und würfeln.

2 Öl in einem Topf erhitzen. Fleischwürfel unter Rühren darin hellbraun braten. Zwiebelwürfel zufügen und kurz mitdünsten. Das Fleisch mit Salz und Pfeffer würzen. Etwa die Hälfte der Brühe zufügen, zum Kochen bringen und mit Deckel etwa 30 Minuten bei mittlerer Hitze garen.

3 In der Zwischenzeit Steckrüben und Kartoffeln schälen, abspülen und in Stifte schneiden. Steckrüben- und Kartoffelstifte mit der restlichen Brühe zu dem Fleisch geben. Eintopf mit Salz und Pfeffer würzen und zugedeckt weitere etwa 20 Minuten garen.

4 Den Eintopf nochmals mit den Gewürzen abschmecken und mit Petersilie bestreut servieren.

Tipps: Schmecken Sie den Eintopf mit mittelscharfem Senf ab. Würzen Sie den Eintopf nach Belieben zusätzlich mit getrocknetem, gerebeltem Majoran oder bestreuen Sie den Eintopf vor dem Servieren mit 1–2 abgespülten, abgetropften, in feine Scheiben geschnittenen Frühlingszwiebeln.
Der Steckrübeneintopf ist gefriergeeignet.
Anstelle von Kasseler können Sie auch Lammfleisch (aus der Schulter) verwenden.

Variante: Für einen **Steckrübeneintopf mit Linsen** zusätzlich 100 g Linsen (z. B. Berglinsen) nach Packungsanleitung mitgaren. Dafür etwa 1 Liter Gemüsebrühe verwenden.

Steckrübeneintopf

Steckrübeneintopf

Einfach. Aber Löffel für Löffel einfach gut!

Grüne-Bohnen-Eintopf

Grüne Frische aus dem Garten. Herzhaft, schmackhaft, traumhaft.

4 Portionen
500 g Rindfleisch zum Kochen (ohne Knochen, mager)
40 g Margarine oder 4 EL Speiseöl, z. B. Olivenöl
1 Zwiebel
Salz
gem. Pfeffer
750 ml Gemüsebrühe
800 g grüne Bohnen
500 g Kartoffeln
2 Stängel Bohnenkraut

Zubereitungszeit: 25 Minuten
Garzeit: etwa 45 Minuten

1 Rindfleisch mit Küchenpapier trocken tupfen und in etwa 2 cm große Würfel schneiden.

2 Die Margarine oder das Speiseöl in einem Topf erhitzen. Die Fleischwürfel darin unter Rühren leicht anbraten.

3 Zwiebel abziehen und würfeln. Die Zwiebelwürfel in den Topf geben und kurz andünsten.

4 Rindfleisch mit Salz und Pfeffer würzen, etwa die Hälfte der Brühe hinzugießen und das Rindfleisch zugedeckt etwa 20 Minuten schmoren.

5 Von den Bohnen die Enden abschneiden. Bohnen evtl. abfädeln, abspülen, abtropfen lassen und in kleine Stücke schneiden oder brechen. Kartoffeln schälen, abspülen, abtropfen lassen und würfeln.

6 Das Bohnenkraut abspülen und trocken tupfen. Bohnenkraut, Bohnenstücke, Kartoffelwürfel und die restliche Brühe in den Topf geben. Die Zutaten zum Kochen bringen und in weiteren etwa 25 Minuten gar kochen.

7 Den Eintopf mit Salz und Pfeffer abschmecken. Das Bohnenkraut vor dem Servieren entfernen.

Tipps: Verfeinern Sie den Grüne-Bohnen-Eintopf zusätzlich mit 250 g enthäuteten, entkernten und gewürfelten Tomaten. Auch eine geschälte, abgespülte und klein gewürfelte Möhre schmeckt gut darin.

Spargelcremesuppe

Die Saison ist eröffnet! Idealer Start für ein aromatisches Frühlingsmenü.

4 Portionen
500 g weißer Spargel
1 TL Salz
1 TL Zucker
60 g Butter
1 l Wasser
etwa 300 ml Milch
30 g Weizenmehl
½ Bund Petersilie
gem. weißer Pfeffer
ger. Muskatnuss
2 Eigelb (Größe M)
3 EL Schlagsahne

Zubereitungszeit: 45 Minuten
Garzeit: etwa 35–37 Minuten

1 Spargel von oben nach unten schälen. Dabei darauf achten, dass die Schalen vollständig entfernt, die Köpfe aber nicht verletzt werden. Die unteren Enden abschneiden (holzige Stellen vollkommen entfernen). Schalen und Enden aufheben. Den Spargel in etwa 3 cm lange Stücke schneiden.

2 Spargelenden und -schalen in einen Topf geben. Salz, Zucker und 20 g Butter hinzufügen. Wasser dazugeben, zum Kochen bringen und zugedeckt etwa 15 Minuten bei mittlerer Hitze kochen lassen.

3 Spargelenden und -schalen durch ein Sieb gießen, die Kochflüssigkeit dabei auffangen und wieder zum Kochen bringen. Spargelstücke hineingeben, zum Kochen bringen und zugedeckt in 10–12 Minuten bissfest garen.

4 Die Spargelstücke zum Abtropfen in ein Sieb geben, dabei die Kochflüssigkeit wieder auffangen und mit Milch auf 1 Liter auffüllen.

5 Restliche Butter in dem Topf zerlassen. Mehl unter Rühren darin erhitzen, bis es hellgelb ist. Spargel-Milch nach und nach hinzugießen, mit einem Schneebesen kräftig durchschlagen. Darauf achten, dass keine Klümpchen entstehen.

6 Die Suppe zum Kochen bringen und bei schwacher Hitze etwa 10 Minuten ohne Deckel leicht kochen, dabei gelegentlich umrühren.

7 Petersilie abspülen, trocken tupfen und die Blättchen von den Stängeln zupfen. Zwei Drittel davon hacken.

8 Die Suppe mit Salz, Zucker, Pfeffer und Muskat würzen. Eigelb mit Sahne verschlagen und 4 Esslöffel von der Suppe unterrühren.

9 Die Eigelb-Sahne unter die Suppe rühren, die Suppe nicht mehr kochen lassen. Abgetropfte Spargelstücke hinzufügen und kurz darin erwärmen. Die Spargelcremesuppe mit Petersilie garniert servieren.

Tipp: Nach Belieben zusätzlich 50 g Kochschinken in Streifen schneiden und mit den Spargelstücken in der Suppe erhitzen.
Sie können die Suppe auch aus grünem Spargel zubereiten. Den grünen Spargel nur im unteren Drittel schälen. Die grünen Spargelstücke etwa 8 Minuten garen.

Spargelernte ist Handarbeit. Jede Stange wird einzeln gestochen.

Bayerische Leberknödel

Und dazu eine frische Brezel!

4 Portionen
3–4 Brötchen (Semmeln) vom Vortag (180–200 g)
100 ml Milch
Salz
gem. Pfeffer
125 g Kalbsleber
2 Schalotten
2 Stängel Majoran
2 Stängel Petersilie
2 EL Butter
2 Eigelb (Größe M)
evtl. einige Semmelbrösel

Zubereitungszeit: 30 Minuten, ohne Quellzeit
Garzeit: etwa 10 Minuten

Die Frauenkirche ist das Wahrzeichen Münchens.

1 Die Brötchen in kleine Würfel schneiden und in eine Schale geben. Die Milch in einen Topf geben, mit Salz und Pfeffer würzen, kurz aufkochen lassen. Die heiße Milch über die Brotwürfel gießen, mit einem Holzlöffel gut vermengen. Die Brötchenmasse mindestens 30 Minuten stehen lassen, dabei gelegentlich umrühren.

2 Kalbsleber mit Küchenpapier trocken tupfen, evtl. von Haut, Sehnen und Röhren befreien. Die Leber in kleine Würfel schneiden.

3 Schalotten abziehen und fein würfeln. Majoran- und Petersilienstängel abspülen, trocken tupfen und die Blättchen von den Stängeln zupfen.

4 Butter in einer kleinen Pfanne zerlassen. Die Schalottenwürfel darin andünsten. Die Schalottenwürfel mit gehacktem Majoran, Petersilie und Eigelb unter die Brotmasse rühren. Leberwürfel fein pürieren und dann ebenfalls unter die Brotmasse rühren.

5 Die Lebermasse mit Salz und Pfeffer abschmecken, mit angefeuchteten Händen 8 Knödel (Klöße) formen. Die Masse muss fest genug sein, um daraus Klöße formen zu können. Ist die Masse zu fest, dann kann noch etwas warme Milch hinzugegeben werden. Ist die Masse zu weich, dann die Masse mit Semmelbröseln etwas fester machen.

6 Die Leberknödel in kochendes Salzwasser geben und dann etwa 10 Minuten gar ziehen lassen (dabei sollte sich das Wasser nur noch leicht bewegen).

7 Die Leberknödel mit einer Schaumkelle aus dem Topf nehmen und servieren.

Tipps: Für eine **Leberknödelsuppe** (Foto) stechen Sie aus der Lebermasse mit 2 Teelöffeln Nocken ab. Lassen Sie diese in kochender Fleischbrühe gar ziehen. Geben Sie noch feine Gemüsestreifen hinzu und fertig ist eine leckere Suppe. Oder Sie reichen zu den Leberknödeln eine Kräutersauce oder richten die Leberknödel auf Gemüse an.
Den frischen Majoran können Sie durch 1 Teelöffel gerebelten Majoran, die frische Petersilie durch 1 Teelöffel getrocknete Petersilie ersetzen.

Eisbein mit Sauerkraut

Juten Hunger! Gehört zur Berliner Eckkneipe wie die Molle und Buletten.

4 Portionen
1 ½ kg gepökeltes Eisbein (4 Stück, evtl. beim Metzger vorbestellen)
etwa 1 ¼ l Wasser

Für das Sauerkraut:
750 g frisches Sauerkraut
1 Zwiebel
1 Lorbeerblatt
3 Gewürznelken
5 Wacholderbeeren
250 ml Fleischbrühe
1 mehligkochende Kartoffel
Salz
gem. Pfeffer
etwas Zucker

Zubereitungszeit: 20 Minuten
Garzeit: 1 ½–2 Stunden

Gemütlicher und ungezwungener Treffpunkt im „Kiez“ für Anwohner und Touristen.

1 Eisbeine unter fließendem kalten Wasser abspülen. Wasser und Eisbeine in einen Topf geben, zum Kochen bringen und zugedeckt etwa 1 ½–2 Stunden bei schwacher bis mittlerer Hitze kochen lassen.

2 Für das Sauerkraut in der Zwischenzeit das Sauerkraut locker zupfen, die Zwiebel abziehen. Sauerkraut, Zwiebel, Lorbeerblatt, Nelken und Wacholderbeeren mit der Brühe in einen Topf geben und zum Kochen bringen. Das Sauerkraut zugedeckt etwa 30 Minuten kochen. Nach Bedarf noch etwas Brühe vom Eisbein zugeben.

3 Die Kartoffel schälen, abspülen und abtropfen lassen. Die Kartoffel reiben, zum Sauerkraut geben und nochmals kurz aufkochen, damit das Kraut sämig wird. Das Sauerkraut mit Salz, Pfeffer und Zucker würzen.

4 Die Eisbeine aus dem Topf nehmen und mit dem Sauerkraut servieren.

Beilage: Salzkartoffeln.

Tipp: Sauerkraut aus dem Glas oder der Dose ist meist schon vorgegart. Das brauchen Sie nur erwärmen und abschmecken.

8 Portionen

Für die Marinade:

2 Möhren
3 Pastinaken (Petersilienwurzeln)
1 Stück Knollensellerie
1 Zwiebel
1 Prise Salz
2 Lorbeerblätter
½ TL Pfefferkörner
½ TL Senfkörner
3 Gewürznelken
1 Knoblauchzehe
1 Stängel Thymian
5 Pimentkörner
250 ml Kräuter- oder Weinessig
je 1 l Rindfleischbrühe und Rotwein

2 kg Rindfleisch ohne Knochen (aus der Keule)
2 EL Schweineschmalz
Salz
gem. Pfeffer
2 EL Zuckerrübensirup (Rübenkraut)
2 EL Preiselbeeren (aus dem Glas)

Für die Sauce:

2 EL Crème fraîche
etwas Speisestärke
100 g Rosinen
4 EL gehobelte, geröstete Mandeln

Zubereitungszeit: 50 Minuten, ohne Abkühl- und Marinierzeit
Garzeit: etwa 2 Stunden

1 Für die Marinade Möhren, Pastinaken und Sellerie putzen, schälen, abspülen, abtropfen lassen und in Stücke schneiden. Zwiebel abziehen und grob würfeln. Vorbereitetes Gemüse in einen Topf geben. Restliche Zutaten für die Marinade hinzufügen, aufkochen und erkalten lassen. Die Marinade in eine große Schale oder Auflaufform geben.

2 Rindfleisch mit Küchenpapier trocken tupfen und in die Marinade legen. Rindfleisch darin zugedeckt mindestens 24 Stunden im Kühlschrank marinieren. Bei einem dicken Fleischstück sollte man die Marinierzeit noch etwas verlängern, damit die Marinade auch gut durchzieht.

3 Den Backofen vorheizen.
Ober-/Unterhitze: etwa 200 °C
Heißluft: etwa 180 °C

4 Das Rindfleisch aus der Marinade nehmen und mit Küchenpapier trocken tupfen. Die Marinade durch ein Sieb in einen Topf gießen.

5 Schweineschmalz in einem Bräter erhitzen. Rindfleisch hinzufügen und von allen Seiten scharf anbraten, dann mit Salz und Pfeffer würzen. Gut abgetropftes Gemüse (aus der Marinade) kurz mitbraten lassen.

6 Zuckerrübensirup und Preiselbeeren hinzugeben und unterrühren. Die aufgefangene Marinade hinzugießen. Den Bräter zugedeckt auf dem Rost in den vorgeheizten Backofen schieben. Den Sauerbraten etwa 2 Stunden garen.

7 Den Sauerbraten anschließend aus dem Bräter nehmen und warm stellen.

8 Die Sauce durch ein Sieb passieren und die Crème fraîche vorsichtig unterrühren. Die Sauce nach Belieben mit der angerührten Speisestärke binden und anschließend dann kurz aufkochen. Rosinen und Mandeln unterrühren. Die Sauce mit Salz und Pfeffer abschmecken und den Sauerbraten wieder hineinlegen.

9 Zum Servieren den Rheinischen Sauerbraten in Scheiben schneiden, auf einer Platte anrichten und mit der Sauce übergießen oder die Sauce dazureichen.

Beilage: Kartoffelklöße und Rotkohl.

Rheinischer Sauerbraten Mit Alkohol

Rheinischer Sauerbraten

Dafür würde mancher
zu Fuß nach Köln gehen.

Rinderrouladen

Mehr Sonntagsgefühle kommen selten auf den Tisch.

4 Portionen
4 Frühlingszwiebeln
1 Möhre
4 Scheiben Rindfleisch (je 180–200 g, aus der Keule)
4 TL mittelscharfer Senf
Salz
gem. Pfeffer
8 Scheiben Frühstücksspeck (etwa 160 g)
3 EL Speiseöl, z. B. Rapsöl
250 ml Fleischbrühe

Nach Belieben:
20 g Weizenmehl
3 EL kaltes Wasser
1 Frühlingszwiebel

Außerdem:
Holzstäbchen oder Rouladennadeln

Zubereitungszeit: etwa 30 Minuten
Garzeit: etwa 1 ½ Stunden

1 Frühlingszwiebeln putzen, abspülen, trocken tupfen und halbieren. Möhre schälen, abspülen, abtropfen lassen und in Scheiben schneiden.

2 Rindfleisch trocken tupfen. Die Fleischscheiben nebeneinander legen, mit Senf bestreichen und mit Salz und Pfeffer bestreuen.

3 Auf jede Fleischscheibe 2 Scheiben Speck und 2 halbe Frühlingszwiebeln geben. Von der schmalen Seite her aufrollen. Rouladen mit Holzstäbchen oder Rouladennadeln feststecken.

4 Speiseöl in einem großen, flachen Topf erhitzen. Die Rouladen von allen Seiten kräftig darin anbraten. Möhrenscheiben und den Rest der Frühlingszwiebeln kurz mitbraten.

5 Die Brühe hinzugießen und die Rouladen etwa 1 ½ Stunden schmoren. Rouladen von Zeit zu Zeit wenden, evtl. noch etwas Brühe oder Wasser hinzugießen.

6 Die garen Rouladen auf einer vorgewärmten Platte anrichten. Holzstäbchen entfernen und Rouladen zugedeckt warm stellen.

7 Den Bratensatz mit Wasser auf 500 ml auffüllen, zum Kochen bringen und mit einem Pürierstab pürieren.

8 Nach Belieben Weizenmehl mit kaltem Wasser anrühren und unter Rühren in die kochende Sauce gießen. Die Sauce etwa 5 Minuten kochen lassen, mit Salz und Pfeffer abschmecken. Frühlingszwiebel putzen, abspülen, trocken tupfen, in feine Scheiben schneiden und in die Sauce rühren.

Tipp: Die Sauce zusätzlich mit etwas Senf abschmecken.

Beilage: Servieren Sie dazu **Rotkohl.** Dafür von 1 kg Rotkohl die äußeren Blätter entfernen. Kohl vierteln, Strunk herausschneiden, Kohl sehr fein schneiden oder hobeln, abspülen und abtropfen lassen. 375 g säuerliche Äpfel schälen, vierteln und die Kerngehäuse entfernen. Die Äpfel klein schneiden. 2 Zwiebeln abziehen und würfeln. 5 Esslöffel Speiseöl oder 50 g Gänseschmalz in einem Topf erhitzen. Die Zwiebelwürfel darin unter Rühren kurz dünsten. Die Rotkohlstreifen und Apfelstücke zugeben und mitdünsten. 1 Lorbeerblatt, 3 Gewürznelken, 5 Wacholderbeeren, 5 Pimentkörner, Salz, Pfeffer, etwas Zucker, 2 Stangen Zimt, 2 Esslöffel Rotweinessig, 3 Esslöffel Johannisbeergelee und 125 ml Wasser zufügen. Den Rotkohl mit Deckel bei schwacher Hitze 45–60 Minuten gar dünsten, dabei gelegentlich umrühren. Rotkohl mit Salz und Zucker abschmecken.

Schwarzwälder Schäufele Mit Alkohol

Im Süden heißt die Schulter Schäufele.
Gut gewürzt so richtig „saulecker".

4 Portionen

1 l Wasser
1 Zwiebel
500 ml Weißwein
1 TL Salz
3 Gewürznelken
1 Lorbeerblatt
4 Wacholderbeeren
5 Pfefferkörner
1–2 TL gerebelter Thymian
750 g gepökelte, leicht geräucherte Schweineschulter (oder Schweinenacken)

Zubereitungszeit: 15 Minuten
Garzeit: etwa 1 ½ Stunden

1 Wasser in einem Topf zum Kochen bringen. Zwiebel abziehen, mit Wein, Salz, Nelken, Lorbeerblatt, Wacholderbeeren, Pfefferkörnern und Thymian in den Topf geben. Das Ganze wieder zum Kochen bringen.

2 Die Schweineschulter mit Küchenpapier trocken tupfen. Das Fleisch in den Topf geben, zum Kochen bringen, evtl. abschäumen. Das Fleisch zugedeckt bei schwacher Hitze etwa 1 ½ Stunden gar ziehen lassen.

3 Das gare Fleisch aus dem Topf nehmen, in Scheiben schneiden und servieren.

Beilage: Kartoffelwürfel mit frischen Kräutern bestreut und rahmiges Sauerkraut. Dazu das Sauerkraut wie gewohnt kochen und dann etwas Béchamelsauce unterrühren.

Auffälligstes Merkmal der Schwarzwaldtracht ist der Bollenhut. Nur echt mit elf sichtbaren Bollen – rot für unverheiratete, schwarz für verheiratete Frauen.

Erfurt – eine der ältesten Städte Deutschlands

Thüringer Rostbrätel Mit Alkohol

Auf das Timing kommt es an: Lange marinieren, kurz grillen.

6 Stück

1 kg Schweinekamm (ohne Knochen)
2–3 Zwiebeln
1 Knoblauchzehe
200 g mittelscharfer Senf
500 ml Bier, z. B. Pils oder Schwarzbier
Salz, gem. Pfeffer
gerebelter Majoran
Kümmelsamen

Zubereitungszeit: 15 Minuten, ohne Durchziehzeit
Grillzeit: 5–10 Minuten

1 Den Schweinekamm mit Küchenpapier trocken tupfen und in 6 gleich dicke Scheiben schneiden.

2 Zwiebeln und Knoblauch abziehen. Den Knoblauch durch eine Knoblauchpresse drücken. Zwiebeln in Ringe schneiden. Die Zwiebelringe mit Knoblauch, Senf und etwa 200 ml von dem Bier verrühren. Die Marinade mit Salz, Pfeffer, Majoran und Kümmel würzen.

3 Die Fleischscheiben in eine Schale geben und mit der Marinade übergießen. Das Fleisch zugedeckt im Kühlschrank 1–2 Tage durchziehen lassen und evtl. einmal wenden.

4 Die Fleischscheiben kurz abtropfen lassen und auf dem vorgeheizten Grill bei mittlerer Hitze 5–10 Minuten grillen (je nach Fleischdicke), dabei nach jedem Wenden mit der Marinade und dem restlichen Bier begießen (so wird das Austrocknen verhindert und der aufsteigende Dampf trägt zur Geschmacksbildung bei).

Tipp: Sie können die Thüringer Rostbrätel auch in einer Pfanne braten. Dazu in einer großen Pfanne 2 Esslöffel Speiseöl, z. B. Sonnenblumenöl, erhitzen. Die Fleischscheiben darin portionsweise mit den Zwiebeln 5–10 Minuten braten, dabei einmal wenden.

Kasseler mit Sauerkraut Mit Alkohol

Kasseler mit Sauerkraut

Gepökelt, geräuchert, gebraten, geschmeckt: Kann man immer wiederholen!

6 Portionen

Für das Fleisch:

800 g–1 kg Kasseler Nacken (ohne Knochen)
1 Zwiebel
1 Bund Suppengrün (Möhre, Sellerie, Porree)
1 kleines Lorbeerblatt
125 ml heißes Wasser
evtl. etwas dunkler Saucenbinder
Salz
gem. Pfeffer

Für das Sauerkraut:

2 Äpfel
1 Lorbeerblatt
4 Wacholderbeeren
1 TL Kümmelsamen
1 TL Pfefferkörner
500 g Sauerkraut
je 125 ml Weißwein und Wasser
1 mittelgroße Kartoffel
etwas Zucker

Zubereitungszeit: 30 Minuten
Bratzeit: 50 Minuten
Garzeit: 30 Minuten

1 Kasseler mit Küchenpapier trocken tupfen und die Fettschicht gitterförmig einschneiden.

2 Den Backofen vorheizen.
Ober-/Unterhitze: etwa 200 °C
Heißluft: etwa 180 °C

3 Die Zwiebel abziehen. Suppengrün putzen, abspülen, abtropfen lassen, mit der Zwiebel fein würfeln.

4 Das Fleisch mit der Fettschicht nach oben in einen mit Wasser ausgespülten Bräter legen. Die Zwiebel- und Suppengrünwürfel mit dem Lorbeerblatt dazugeben. Den Bräter ohne Deckel auf dem Rost in den vorgeheizten Backofen (unteres Drittel) schieben. Das Fleisch etwa 50 Minuten braten.

5 Wenn der Bratensatz bräunt, etwas von dem heißen Wasser zugeben. Die verdampfte Flüssigkeit nach und nach durch heißes Wasser ersetzen. Das Fleisch ab und zu mit dem Bratensatz begießen.

6 Für das Sauerkraut in der Zwischenzeit Äpfel schälen, vierteln, das Kerngehäuse entfernen und die Äpfel raspeln. Die Gewürze in einen Papier-Teebeutel oder Kaffeefilter geben und diesen zubinden. Das Sauerkraut mit den Apfelraspeln, dem Gewürzsäckchen, Wein und Wasser in einen Topf geben. Das Sauerkraut zugedeckt etwa 30 Minuten köcheln lassen.

7 Die Kartoffel schälen, abspülen, fein reiben und nach der Hälfte der Garzeit unter das Sauerkraut rühren, damit es sämig wird. Das Gewürzsäckchen entfernen und das Sauerkraut mit Salz, Pfeffer und etwas Zucker abschmecken.

8 Das gegarte Fleisch vor dem Schneiden etwa 10 Minuten zugedeckt ruhen lassen, damit sich der Fleischsaft setzt.

9 Für die Sauce den Bratensatz mit etwas Wasser loskochen. Bratensatz mit dem Gemüse durch ein Sieb streichen und auf der Kochstelle erneut zum Kochen bringen. Die Flüssigkeit nach Belieben mit Saucenbinder andicken und kurz aufkochen lassen. Das Fleisch in Scheiben schneiden und auf einer vorgewärmten Platte anrichten. Die Sauce mit Salz und Pfeffer abschmecken und zu dem Fleisch und Sauerkraut servieren.

Beilage: Kartoffelpüree, Senf und/oder frisches, kräftiges Bauernbrot.

Das Oktoberfest heißt kurz „die Wiesn“ und ist das größte Volksfest der Welt.

Schweinshaxen

Dazu noch Klöße und ein Weißbier – dann ist das ganze Jahr Oktoberfest.

4 Portionen
4 Schweinshaxen (je etwa 500 g)
Salz
gem. Pfeffer
etwas heißes Wasser
3 mittelgroße Zwiebeln

Zubereitungszeit: 20 Minuten
Garzeit: etwa 1 Stunde und 20 Minuten

1 Den Backofen vorheizen.
Ober-/Unterhitze: etwa 200 °C
Heißluft: etwa 180 °C

2 Haxen unter fließendem kalten Wasser abspülen, trocken tupfen, mit Salz und Pfeffer einreiben. Haxen in einen mit Wasser ausgespülten Bräter geben.

3 Den Bräter auf dem Rost in den vorgeheizten Backofen (unteres Drittel) schieben. Die Haxen etwa 1 Stunde und 20 Minuten garen. Sobald der Bratensatz bräunt, etwas

heißes Wasser hinzugießen. Das Fleisch ab und zu mit dem Bratensatz begießen, verdampfte Flüssigkeit nach und nach durch heißes Wasser ersetzen.

4 Etwa 30 Minuten vor dem Ende der Garzeit die Zwiebeln abziehen, vierteln und zu den Haxen in den Bräter geben. Die Haxen zu Ende garen.

5 Die garen Haxen aus dem Bräter nehmen und zugedeckt warm stellen. Den Bratensatz mit etwas Wasser loskochen, evtl. durch ein Sieb streichen, etwas einkochen lassen und nochmals mit den Gewürzen abschmecken. Die Sauce zu dem Fleisch reichen.

Beilage: Sauerkraut und Kartoffelpüree.

Tipp: Pikanter schmeckt die Sauce zur Schweinshaxe, wenn sie mit Senf abgeschmeckt wird.

Variante: Nach dem gleichen Rezept können Sie auch **Kalbshaxen** zubereiten. Die Garzeit verlängert sich dann auf 2½–3 Stunden.

Tafelspitz mit Meerrettichsauce

Wiener Delikatesse ohne Hektik: Langsam gar ziehen lassen und butterzart servieren.

4 Portionen
1–1 ½ l Wasser
1 kg Rindfleisch (Tafelspitz)
Salz
1 Lorbeerblatt
1 EL Pfefferkörner
2 große Zwiebeln
150 g Möhren
150 g Staudensellerie
200 g Porree (Lauch)

Für die Meerrettichsauce:
30 g Butter oder Margarine
25 g Weizenmehl
375 ml Tafelspitzbrühe
125 g Schlagsahne
20 g frisch ger. Meerrettich
etwas Zucker
etwa 1 TL Zitronensaft
1 EL gehackte Petersilie

Zubereitungszeit: 20 Minuten
Schmorzeit: etwa 2 Stunden und 20 Minuten

1 Wasser in einem großen Topf zum Kochen bringen. Rindfleisch mit Küchenpapier trocken tupfen, mit Salz, Lorbeerblatt und Pfefferkörnern in das kochende Wasser geben. Rindfleisch zugedeckt etwa 2 Stunden bei schwacher bis mittlerer Hitze gar ziehen lassen.

2 In der Zwischenzeit Zwiebeln abziehen und würfeln. Möhren und Sellerie putzen, schälen, abspülen, abtropfen lassen und in Scheiben schneiden. Porree putzen, die Stange längs halbieren, gründlich waschen, abtropfen lassen und in etwa 2 cm lange Stücke schneiden.

3 Vorbereitetes Gemüse nach Ende der Garzeit zum Fleisch geben und zugedeckt noch etwa 20 Minuten mitgaren.

4 Das gegarte Fleisch vor dem Anschneiden etwa 10 Minuten zugedeckt ruhen lassen, damit sich der Fleischsaft setzt. Die Brühe inzwischen mit dem Gemüse in ein Sieb geben, dabei die Brühe auffangen und 375 ml für die Sauce abmessen. Das Gemüse zugedeckt warm stellen.

5 Für die Meerrettichsauce inzwischen Butter oder Margarine in einem kleinen Topf zerlassen. Mehl unter Rühren so lange darin erhitzen, bis es hellgelb ist. Die abgemessene Tafelspitzbrühe und die Sahne zugießen. Sauce mit einem Schneebesen gut durchschlagen, dabei darauf achten, dass keine Klümpchen entstehen. Die Sauce unter Rühren zum Kochen bringen und offen bei schwacher Hitze etwa 5 Minuten kochen lassen, dabei gelegentlich umrühren.

6 Den Meerrettich unterrühren. Die Sauce mit Salz, Zucker und Zitronensaft abschmecken. Das Fleisch in Scheiben schneiden, auf einer vorgewärmten Platte anrichten, mit etwas heißer Brühe übergießen. Tafelspitz mit Petersilie bestreuen und mit Gemüse und Sauce servieren.

Beilage: Röstkartoffeln, grüner Salat oder Möhren.

Tipp: Anstelle von frischem Meerrettich können Sie auch Meerrettich aus dem Glas verwenden.
Der Tafelspitz kann in der Brühe eingefroren werden.

Varianten: Für eine **Kräutersauce** 3 Esslöffel Salatmayonnaise mit je 150 g Crème fraîche und Joghurt, 100 g Schlagsahne und ½ Teelöffel mittelscharfem Senf verrühren. 3 Esslöffel gemischte gehackte Kräuter unter die Sauce rühren, mit Salz und Pfeffer abschmecken.
Für eine **kalte Meerrettichsauce** 150 g Crème fraîche mit 2 Esslöffeln Meerrettich aus dem Glas verrühren. Die Sauce mit etwas Zitronensaft, Salz, Pfeffer und Zucker abschmecken.
Für eine **Schnittlauchsauce** 1 abgezogene Schalotte und 1 vorbereitete Möhre (etwa 100 g) in feine Würfel (Brunoise) schneiden. Möhre in kochendem Salzwasser etwa 1 Minute blanchieren, danach in Eiswasser abschrecken. 150 g Crème fraîche mit 4 Esslöffeln Olivenöl und 1 Esslöffel Weißweinessig verrühren. 1 Bund Schnittlauch abspülen, trocken tupfen und in Röllchen schneiden. Schnittlauch und Gemüse unter die Sauce rühren. Die Sauce mit Salz und Pfeffer abschmecken und zum Tafelspitz reichen.

Schweinerippchen mit Kraut

Schweinerippchen mit Kraut

Wer hat eigentlich gesagt, Spare Ribs wären eine amerikanische Erfindung?

2 Portionen
1 l Wasser
500 g gepökelte Schweinerippchen
1 Zwiebel
2 EL Rapsöl
500 g frisches Sauerkraut
1 Apfel
3 Wacholderbeeren
1 Lorbeerblatt
etwa 200 ml Fleischbrühe

Zubereitungszeit: 40 Minuten

1 Wasser in einem Topf zugedeckt zum Kochen bringen. Die Rippchen in den Topf geben und wieder zum Kochen bringen. Rippchen zugedeckt etwa 30 Minuten garen.

2 In der Zwischenzeit die Zwiebel abziehen und fein würfeln. Öl in einem Topf erhitzen. Die Zwiebelwürfel darin andünsten.

3 Sauerkraut hinzufügen und etwa 5 Minuten mitdünsten, dabei gelegentlich umrühren.

4 Apfel schälen, vierteln, entkernen, in Würfel schneiden und mit den Wacholderbeeren und dem Loorbeerblatt unter das Sauerkraut rühren.

5 Die Brühe hinzugießen und unterrühren. Das Ganze zugedeckt zum Kochen bringen und etwa 20 Minuten garen.

6 Die garen Rippchen in Portionsstücke teilen und auf dem Sauerkraut servieren.

Beilage: Kartoffelpüree.

Tipps: Servieren Sie zusätzlich etwas Senf dazu. Entfernen Sie das Lorbeerblatt und die Wacholderbeeren vor dem Servieren aus dem Sauerkraut.

Jägerschnitzel

Evergreen der deutschen Küche. So schmecken Pilze am besten.

Auch mit Steinpilzen ein Gedicht!

4 Portionen
1 Zwiebel
250 g Champignons
4 Schweineschnitzel (je etwa 200 g)
Salz
gem. Pfeffer
Paprikapulver edelsüß
40 g Weizenmehl
50 g Margarine oder 5 EL Speiseöl, z. B. Sonnenblumenöl
150 g Crème fraîche
1 EL gehackte Petersilie

Zubereitungszeit: 35 Minuten

1 Zwiebel abziehen und würfeln. Champignons putzen, evtl. kurz abspülen und trocken tupfen. Champignons in Scheiben schneiden.

2 Schweineschnitzel mit Küchenpapier trocken tupfen, mit Salz, Pfeffer und Paprikapulver würzen. Die Schnitzel in Mehl wenden, dabei nicht anhaftendes Mehl abschütteln.

3 Margarine oder Öl in einer Pfanne erhitzen. Die Schnitzel darin bei mittlerer Hitze 10–12 Minuten (je nach Dicke der Schnitzel) von beiden Seiten braten, dabei gelegentlich wenden. Die Schnitzel aus der Pfanne nehmen und warm stellen.

4 Die Zwiebelwürfel in dem verbliebenen Bratfett unter Rühren andünsten. Champignonscheiben dazugeben und mitdünsten, Crème fraîche unterrühren. Die Sauce mit Salz und Pfeffer würzen und 2–3 Minuten bei schwacher Hitze ohne Deckel leicht köcheln lassen. Anschließend die Petersilie unterrühren. Die Sauce zu den Schnitzeln reichen.

Beilage: Pommes frites oder Bratkartoffeln und Blattsalat.

Tipp: Anstelle der Champignons können Sie auch andere Pilze, z. B. Kräutersaitlinge, Pfifferlinge und/oder Steinpilze verwenden.

Wiener Schnitzel

Wiener Schnitzel

Genau richtig, wenn es nicht mehr ganz auf den Teller passt.

Weithin sichtbar ist das
Riesenrad im Wiener Prater.

4 Portionen

Für die Schnitzel:

4 Kalbsschnitzel (je 120 g, aus der
Oberschale) oder 8 kleine Schnitzel (je 60 g)
Salz
gem. Pfeffer
2 Eier
2 EL Schlagsahne
50 g Weizenmehl
150 g Semmelbrösel

200 g Butterschmalz oder Margarine
4 Bio-Zitronenscheiben (unbehandelt, ungewachst)

Zubereitungszeit: etwa 45 Minuten

1 Die Schnitzel unter fließendem kalten Wasser abspülen und trocken tupfen. Die Schnitzel etwas dünner klopfen, mit Salz und Pfeffer würzen.

2 Die Eier mit der Sahne schaumig verquirlen. Die Schnitzel kurz in Mehl wenden, überschüssiges Mehl abklopfen, dann in der Eiersahne wenden und anschließend mit den Semmelbröseln panieren. Die Panade etwas andrücken.

3 Butterschmalz oder Margarine evtl. portionsweise in einer großen Pfanne gut erhitzen, die Schnitzel von beiden Seiten darin leicht schwimmend 2–3 Minuten (je nach Größe) braten. Anschließend die Schnitzel herausnehmen und auf Küchenpapier abtropfen lassen.

4 Die Schnitzel mit Zitronenscheiben anrichten.

Beilage: Bratkartoffeln oder Kartoffelsalat und grüner Blattsalat.

Tipp: Anstelle von Kalbsschnitzeln können Sie auch Schweineschnitzel (je etwa 150 g) verwenden. Diese dann 3–4 Minuten braten.

Gulasch

Gulasch

Aus der Puszta frisch auf den Tisch.
So scharf wie Sie mögen.

4 Portionen
500 g Zwiebeln
500 g mageres Rindfleisch (ohne Knochen, z. B. aus der Unterschale) oder geschnittenes Gulaschfleisch
30 g Margarine oder 3 EL Speiseöl, z. B. Sonnenblumenöl
Salz
gem. Pfeffer
Paprikapulver edelsüß
2 schwach geh. EL Tomatenmark
etwa 250 ml heißes Wasser
1–2 Spritzer Tabascosauce

Zubereitungszeit: 15 Minuten
Schmorzeit: 1 ¼–1 ½ Stunden

1 Zwiebeln abziehen, halbieren und in Scheiben schneiden. Rindfleisch mit Küchenpapier trocken tupfen und in etwa 3 cm große Würfel schneiden.

2 Etwas Margarine oder Öl in einem Topf erhitzen. Die Fleischwürfel in 2 Portionen von allen Seiten kräftig darin anbraten. Restliche Margarine oder restliches Öl und die Zwiebelscheiben hinzufügen und mitbraten.

3 Das Gulasch mit Salz, Pfeffer und Paprikapulver würzen. Das Tomatenmark unterrühren. Das heiße Wasser zugießen und das Fleisch mit Deckel 1 ¼–1 ½ Stunden bei mittlerer Hitze gar schmoren. Sollte zuviel Flüssigkeit verdampfen, evtl. noch etwas Wasser zugeben.

4 Das Gulasch mit Salz, Pfeffer, Paprikapulver und Tabasco abschmecken.

Tipps: Das Rindfleisch durch mageres Schweinefleisch ersetzen (Schmorzeit etwa 45 Minuten).
Raffinierter wird das Gulasch, wenn die Hälfte des Wassers durch Rotwein ersetzt wird.
Das Gulasch ist gefriergeeignet.

Beilage: Nudeln oder Reis und Gurkensalat.

Züricher Geschnetzeltes Mit Alkohol

Markenzeichen der Schweizer Küche. So beliebt wie Alpen und Schokolade.

4 Portionen

2 mittelgroße Zwiebeln
500 g Kalbsfleisch (aus der Keule)
2 EL Weizenmehl
3 EL Butter oder Margarine
125 ml Weißwein
250 g Schlagsahne
Salz
gem. Pfeffer
1 Prise Zucker

Zubereitungszeit: 30 Minuten

1 Die Zwiebeln abziehen und würfeln. Das Fleisch mit Küchenpapier trocken tupfen. Fleisch in hauchdünne Scheiben schneiden und mit Mehl bestäuben.

2 Von der Butter oder Margarine 1 Esslöffel in einer beschichteten Pfanne erhitzen. Ein Viertel der Zwiebelwürfel und die Hälfte des Fleisches etwa 2 Minuten unter gelegentlichem Umrühren darin braten lassen (Fleisch darf nicht braun werden!) und aus der Pfanne nehmen. Das Fleisch in einer Schüssel warm stellen, mit einem Teller zudecken.

3 Wieder 1 Esslöffel Butter oder Margarine erhitzen. Dann das restliche Fleisch und ein weiteres Viertel der Zwiebelwürfel hineingeben und auf die gleiche Weise zubereiten.

4 Restliche Butter oder Margarine zerlassen, restliche Zwiebelwürfel darin etwa 3 Minuten dünsten und mit Wein ablöschen. Sahne und Fleisch hinzufügen, mit Salz, Pfeffer und Zucker würzen. Das Geschnetzelte etwa 5 Minuten erhitzen und sofort servieren.

Tipp: Sie können zusätzlich 200 g geputzte und in Scheiben geschnittene Champignons mit der letzten Portion Zwiebelwürfel andünsten. Dann wie im Rezept beschrieben fortfahren.

Beilage: Servieren Sie dazu **Rösti:** Dafür 500 g festkochende Kartoffeln unter fließendem Wasser abbürsten, knapp mit Wasser bedeckt, zugedeckt zum Kochen bringen und in etwa 20 Minuten gar kochen. Dann abgießen, mit kaltem Wasser abschrecken, abtropfen lassen. Kartoffeln noch warm pellen und zugedeckt mindestens 4 Stunden – am besten über Nacht – kalt stellen. Die Kartoffeln grob raspeln, mit Salz und Pfeffer würzen. 6 Esslöffel Speiseöl in einer Pfanne (Ø 24 cm) erhitzen. Die Kartoffelraspel in die Pfanne geben, etwas flach drücken, bei schwacher Hitze von beiden Seiten unter einmaligem Wenden etwa 10 Minuten braun und knusprig braten. Nach Belieben den Rösti zum Servieren in 4 Stücke teilen.

Der Zürichsee bietet Ruhe und Entspannung abseits der Großstadt.

Frikadellen mit Möhrengemüse

Jetzt aber mal ran an die Buletten! Oder an die Fleischpflanzerl, Hacktäschli, Klopse ...

4 Portionen

Für die Frikadellen:

1 Brötchen (Semmel) vom Vortag
2 Zwiebeln
2 EL Speiseöl, z. B. Sonnenblumenöl
600 g Gehacktes (halb Rind-, halb Schweinefleisch)
1 Ei (Größe M)
2 TL scharfer Senf
1 EL fein gehackte Petersilie
1 Msp. gerebelter Majoran
abgeriebene Schale von ½ Bio-Zitrone (unbehandelt, ungewachst)
Salz
gem. Pfeffer

Für das Möhrengemüse:

750 g junge Möhren
50 g Butter
100 ml Wasser
1–2 EL gehackte Petersilie
40 g Butterschmalz, Margarine oder 5 EL Speiseöl, z. B. Sonnenblumenöl

Zubereitungszeit: 35 Minuten

1 Für die Frikadellen Brötchen in kaltem Wasser einweichen. Zwiebeln abziehen und fein würfeln. Öl in einer Pfanne erhitzen und die Zwiebelwürfel darin unter Rühren in 2–3 Minuten glasig dünsten. Die Zwiebelwürfel aus der Pfanne nehmen und auf Küchenpapier abtropfen lassen.

2 Das Brötchen gut ausdrücken, mit Gehacktem, Zwiebelwürfeln, Ei, Senf, Kräutern und Zitronenschale vermengen. Den Fleischteig mit Salz und Pfeffer würzen. Aus der Masse mit nassen Händen 8 Frikadellen formen.

3 Für das Möhrengemüse Möhren putzen, schälen, abspülen und abtropfen lassen, je nach Größe evtl. halbieren oder vierteln. Butter in einem Topf zerlassen und die Möhren darin 2–3 Minuten andünsten. Wasser hinzugießen, mit wenig Salz würzen und die Möhren etwa 10 Minuten zugedeckt garen, dabei gelegentlich umrühren. Möhren mit Salz und Pfeffer abschmecken, die Petersilie unterrühren.

4 Butterschmalz, Margarine oder Öl in der Pfanne erhitzen und die Frikadellen von beiden Seiten darin unter gelegentlichem Wenden bei mittlerer Hitze in etwa 10–15 Minuten braun und gar braten.

Beilage: Kartoffelpüree.

Tipps: Besonders knusprig werden die Frikadellen, wenn Sie sie vor dem Braten in Semmelbröseln wenden.
Bleiben Frikadellen übrig, schmecken sie auch kalt sehr lecker oder Sie schneiden die Frikadellen in Scheiben und genießen Sie als Brotbelag.
Kneten Sie kleine Paprikawürfel unter den Fleischteig.

Bratwurst

Einfach selbst machen, wenn gerade kein Imbiss in der Nähe ist.

4 Portionen
4 vorgebrühte oder frische Bratwürste (je etwa 120 g)
2 EL Speiseöl, z. B. Sonnenblumenöl

Zubereitungszeit: 15 Minuten

1 Die Bratwürste mit Küchenpapier trocken tupfen. Frische Bratwürste rundherum mehrmals mit einer Gabel einstechen.

2 Öl in einer Pfanne erhitzen. Die Bratwürste darin ohne Deckel unter gelegentlichem Wenden von beiden Seiten bei mittlerer Hitze etwa 10 Minuten braun braten.

Beilage: Kartoffelpüree, Möhren-Kohlrabi-Gemüse, Ketchup und Senf.

Deutscher Klassiker seit über 60 Jahren: Currywurst

Variante 1: Für **Berliner Currywurst** 150 ml Wasser in einem Topf mit 1 Teelöffel Currypulver, je ½ Teelöffel Paprikapulver rosenscharf und edelsüß, 1 Teelöffel Zucker, je 1 Messerspitze Piment, Kreuzkümmel (Cumin) und Chilipulver verrühren. Alles zum Kochen bringen und 3–4 Minuten köcheln lassen. Den Topf vom Herd nehmen. 2 Esslöffel Worcestersauce und 250 g Ketchup einrühren und unter ständigem Rühren kurz aufkochen lassen. Die Sauce warm halten, aber nicht mehr kochen lassen. 4 Bockwürste (mit Darm, gegart und geräuchert, je etwa 100 g) mit Küchenpapier trocken tupfen und 5–6-mal einritzen (um ein Aufplatzen zu verhindern). Etwas Speiseöl (z. B. Sonnenblumenöl) in einer tiefen Pfanne erhitzen. (Es sollte so viel Öl in der Pfanne sein, dass die Würste zu etwa einem Viertel in dem Öl „schwimmen".) Die Würste bei mittlerer Hitze von jeder Seite knusprig goldgelb braten. Die Würste in mundgerechte Stücke schneiden, in eine Schale geben, mit der noch warmen Currysauce übergießen, mit etwas Currypulver bestreuen. Dazu 1 Schrippe (Brötchen, Semmel) sowie geschmorte Zwiebelringe oder rohe, gewürzte Zwiebelwürfel servieren.

Tipps: In manchen Stadtteilen Berlins wird die Currywurst nicht in mundgerechte Stücke geschnitten, sondern nur halbiert. Anschließend wird sie mit Currysauce übergossen, mit reichlich Currypulver bestreut und mit zwei Holzpiekern versehen.
Sie können auch 4 Wollwürste (ohne Darm, je etwa 100 g) statt der Bockwürste verwenden. Diese wie beschrieben braten, bis sich eine geschlossene, nussbraune Hülle gebildet hat. Die Wurst ohne Haut bleibt kross, wenn Sie die Sauce daneben gießen.

Variante 2: Für **Currywurst aus dem Ruhrgebiet** 120 ml Wasser in einen Topf geben. 1 Teelöffel Zucker, 2 Teelöffel Currypulver und ½ Teelöffel Cayennepfeffer dazugeben, verrühren und zum Kochen bringen. Topf vom Herd nehmen, 200 g Ketchup einrühren, ständig weiterrühren und kurz aufkochen lassen. 4 feine Bratwürste (im Darm, nur gebrüht, nicht geräuchert, je etwa 100 g) mit Küchenpapier trocken tupfen. 2 Esslöffel Speiseöl in einer Pfanne erhitzen. Die Bratwürste darin ohne Deckel unter gelegentlichem Wenden von beiden Seiten bei mittlerer Hitze etwa 10 Minuten braun braten. Dann in mundgerechte Stücke schneiden, in eine Schale geben, mit der noch warmen Currysauce übergießen, mit Currypulver bestreuen und mit (ungetoastetem) Toastbrot servieren.

Badischer Rehrücken

Badischer Rehrücken Mit Alkohol

Nicht nur im Südwesten ein
„symbadischer“ Genuss.

4 Portionen
1 Rehrücken mit Knochen (etwa 1,6 kg)
Salz
gem. Pfeffer
75 g durchwachsener Speck in Scheiben
1 Zwiebel
50 g Knollensellerie
100 g Möhren
5 Wacholderbeeren
125 ml trockener Rotwein
100 ml Gemüsebrühe oder Kalbsfond
2–3 Birnen, z. B. Williams Christ
200 ml lieblicher Weißwein
Saft von 1 Zitrone
250 ml trockener Rotwein
100 g Crème fraîche
180 g Preiselbeerkompott
evtl. dunkler Saucenbinder
evtl. etwas vorbereiteter Rosmarin

Zubereitungszeit: 30 Minuten
Bratzeit: 35–50 Minuten

1 Den Backofen vorheizen.
Ober-/Unterhitze: etwa 200 °C
Heißluft: etwa 180 °C

2 Rehrücken mit Küchenpapier trocken tupfen und evtl. enthäuten. Rehrücken mit Salz und Pfeffer einreiben. Den Rehrücken in einen mit Wasser ausgespülten Bräter legen und mit Speckscheiben belegen.

3 Zwiebel abziehen und fein würfeln. Sellerie und Möhren putzen, schälen, abspülen, abtropfen lassen und würfeln. Gemüse in den Bräter geben. Bräter ohne Deckel auf dem Rost in den vorgeheizten Backofen (Mitte) schieben und den Rehrücken 35–50 Minuten braten. Sobald der Bratensatz bräunt, Wacholderbeeren, Rotwein und Gemüsebrühe oder Kalbsfond zugeben.

4 In der Zwischenzeit die Birnen heiß abwaschen, halbieren und entkernen (am besten mit einem Kugelausstecher). Die Birnenhälften mit Weißwein und Zitronensaft zum Kochen bringen. Birnenhälften mit Deckel etwa 10 Minuten bei mittlerer Hitze dünsten. Birnen mit einer Schaumkelle aus der Flüssigkeit nehmen und erkalten lassen.

5 Das gegarte Fleisch aus dem Bräter nehmen und zugedeckt etwa 10 Minuten ruhen lassen, damit sich der Fleischsaft setzt. Den Bratensatz mit Rotwein loskochen, mit dem Gemüse durch ein Sieb streichen, zum Kochen bringen und die Crème fraîche einrühren. 2 Esslöffel Preiselbeerkompott zugeben, wieder zum Kochen bringen und 3–5 Minuten sprudelnd kochen. Evtl. ausgetretenen Fleischsaft von dem ruhenden Fleisch in die Sauce rühren. Die Sauce nach Belieben mit Saucenbinder andicken oder sirupartig einkochen lassen und nochmals mit den Gewürzen abschmecken.

6 Speckscheiben entfernen. Fleisch vom Knochengerüst lösen, in Scheiben schneiden und wieder auf das Knochengerüst legen. Rehrücken auf einer vorgewärmten Platte anrichten, nach Belieben mit Rosmarin bestreuen.

7 Die Birnenhälften mit dem restlichen Preiselbeerkompott füllen und um den Rehrücken legen. Die Sauce getrennt dazureichen.

Beilage: Spätzle und Rotkohl oder Rosenkohl.

Tipps: Möchten Sie den Rehrücken ohne Alkohol zubereiten, ersetzen Sie den Rotwein durch Johannisbeer-, Cranberry- oder Kirschsaft.
Rehrücken tranchieren (in Portionsstücke zerlegen): Dafür den Rehrücken mit dem Knochen nach unten auf ein Brett legen. Mit einem scharfen Messer am Mittelknochen entlang einschneiden, dann am unteren Knochen entlang auslösen. Das Rückenfleisch in Scheiben oder Stücke schneiden.

Gefüllte Gans

Gans ganz lecker. Da kommt nicht nur Weihnachten Stimmung auf.

8 Portionen
1 küchenfertige Gans (4–4 ½ kg)
Salz
gem. Pfeffer
getrockneter, gerebelter Majoran oder Beifuß

Für die Füllung:
50 g durchwachsener Speck
2 Zwiebeln
20 g Butter oder Margarine
etwa 8 Brötchen (Semmeln) vom Vortag
300 ml Milch
4 Eier (Größe M)
2 EL gehackte Petersilie
2 Äpfel
etwa 500 ml heißes Wasser
1 Bund Suppengrün (Möhre, Sellerie, Porree)
etwa 100 ml kaltes Wasser
10 g Weizenmehl

Außerdem:
Küchengarn oder Holzstäbchen

Zubereitungszeit: 45 Minuten, ohne Abkühlzeit
Bratzeit: etwa 4 ½ Stunden

1 Die Gans innen und außen unter fließendem kalten Wasser abspülen und trocken tupfen. Die Gans innen mit Salz, Pfeffer, Majoran oder Beifuß einreiben.

2 Für die Füllung den Speck würfeln. Zwiebeln abziehen und fein würfeln. Butter oder Margarine in einer Pfanne zerlassen. Die Speckwürfel darin knusprig braten. Zwiebelwürfel zufügen, glasig dünsten und beiseitestellen.

3 Den Backofen vorheizen.
Ober-/Unterhitze: etwa 200 °C
Heißluft: etwa 180 °C

4 Brötchen in kleine Würfel schneiden und in eine Schüssel geben. Milch in einem Topf erhitzen, über die Brötchenwürfel gießen und gut verrühren. Die Speck-Zwiebel-Masse unterrühren und etwas abkühlen lassen.

5 Eier und Petersilie unterrühren, die Masse mit Salz würzen. Äpfel schälen, halbieren, entkernen, raspeln und mit der Masse vermengen. Die Gans mit der Masse füllen. Die Öffnung mit Küchengarn zunähen oder mit Holzstäbchen verschließen. Die Gans außen mit Salz, Pfeffer und Majoran oder Beifuß einreiben.

6 Eine Fettpfanne in den vorgeheizten Backofen (unteres Drittel) schieben. 125 ml heißes Wasser hineingießen. Die Gans mit der Brust nach unten auf einen Rost legen und den Rost oberhalb der Fettpfanne in den vorgeheizten Backofen schieben. Gans etwa 1 ½ Stunden braten. Die Gans während der Bratzeit mehrmals unterhalb der Flügel und Keulen einstechen, damit das Fett besser ausbraten kann. Das gesammelte Fett abschöpfen.

7 Sobald der Bratensatz bräunt, so viel heißes Wasser dazugießen, dass das Wasser in der Fettpfanne etwa 1 cm hoch steht. Die Gans ab und zu mit dem Bratensatz begießen. Verdampfte Flüssigkeit nach und nach durch heißes Wasser ersetzen.

8 Inzwischen Suppengrün putzen, abspülen, abtropfen lassen und in kleine Stücke schneiden.

9 Die Gans nach etwa 1 ½ Stunden Bratzeit wenden. Das Suppengrün in die Fettpfanne geben und etwa 3 Stunden mitgaren.

10 50 ml kaltes Wasser mit ½ Teelöffel Salz verrühren. Die Gans etwa 10 Minuten vor Ende der Bratzeit damit bestrei-

chen und die Backofentemperatur um etwa 20 °C erhöhen, damit die Haut schön kross wird. Gans vom Rost nehmen und zugedeckt 5–10 Minuten ruhen lassen, damit sich der Fleischsaft setzt.

11 Den Bratensatz mit etwas heißem Wasser lösen. Den Bratensatz durch ein Sieb streichen, mit Wasser auf 600 ml Flüssigkeit auffüllen und in einen Topf geben. Bratenfond zum Kochen bringen.

12 Das Mehl mit 50 ml Wasser anrühren und mit einem Schneebesen in den kochenden Bratenfond rühren. Dabei darauf achten, dass keine Klümpchen entstehen. Die Sauce zum Kochen bringen und ohne Deckel bei schwacher Hitze etwa 5 Minuten leicht kochen, dabei gelegentlich umrühren. Die Sauce anschließend mit Salz, Pfeffer und Majoran abschmecken.

13 Die Gans in Portionsstücke schneiden (tranchieren) und auf einer vorgewärmten Platte anrichten. Die gefüllte Gans mit der Sauce servieren.

Beilage: Kartoffelklöße und Rosenkohl oder Rotkohl.

Tipp: Bei einer größeren Gans verlängert sich die Garzeit pro Kilogramm Gewicht um etwa 30 Minuten.

Labskaus

„Labs kausis“ heißt auf Lettisch „gute Schüssel“.
Wohl bekomm's!

4 Portionen
600 g gepökeltes schieres Rindfleisch
6 große Zwiebeln
1 Lorbeerblatt
3 Gewürznelken
500 ml Wasser
75 g Butter oder Margarine
1 kg gegarte, warme Pellkartoffeln
6 EL Gurkenwasser (von Essiggurken aus dem Glas)

375 ml Fleischbrühe (von dem gekochten Rindfleisch)
Salz
ger. Muskatnuss

Zubereitungszeit: 45 Minuten
Garzeit: etwa 2 Stunden

Der Hamburger „Michel“ vom Hafen aus gesehen.

1 Rindfleisch mit Küchenpapier trocken tupfen. 1 Zwiebel abziehen und mit einem Messer einen Einschnitt für das Lorbeerblatt machen. Das Lorbeerblatt und die Gewürznelken mit den Stielenden fest in die Zwiebel stecken.

2 Wasser in einem Topf zugedeckt zum Kochen bringen. Das Rindfleisch hineingeben, zugedeckt zum Kochen bringen und etwa 1 ½ Stunden gar kochen lassen. Das Rindfleisch in ein Sieb abgießen, dabei die Fleischbrühe auffangen und 375 ml davon abmessen. Die gespickte Zwiebel entfernen.

3 Die restlichen 5 Zwiebeln abziehen. Fleisch und Zwiebeln grob zerkleinern. Beides durch einen Fleischwolf drehen. Butter oder Margarine in einem Topf zerlassen. Die Fleisch-Zwiebel-Masse darin unter Rühren 5 Minuten erhitzen.

4 Die Kartoffeln pellen und noch warm durch eine Kartoffelpresse drücken. Die Kartoffelmasse mit dem Gurkenwasser und der Fleischbrühe zu der Fleisch-Zwiebel-Masse in den Topf geben und unterrühren. Die Zutaten unter Rühren aufkochen und gut durchkochen lassen.

5 Das Gericht mit Salz und Muskatnuss abschmecken.

Beilage: Rollmöpse, Spiegeleier, Essiggurken und/oder Rote Bete.

Tipps: Wenn Sie keinen Fleischwolf haben, können Sie das Fleisch und die Zwiebeln auch in feine Würfel schneiden. Statt des Pökelfleisches können Sie auch durchgedrehtes Corned Beef verwenden.
Drehen Sie zusätzlich 2 gewässerte Salzheringsfilets mit durch den Fleischwolf bzw. würfeln diese sehr fein.

Hamburger Pfannfisch

Nicht lange schnacken – Fisch anpacken!

4 Portionen
500 g etwa gleich große Kartoffeln
150 g Butter
500 g gemischte Fischfilets, z. B. Schellfisch, Scholle und Kabeljau (ohne Haut und Gräten)
4 Schalotten
2 TL mittelscharfer Senf
250 g junger Wirsing
Salz
gem. Pfeffer

Für die Senfsauce:
2 Schalotten
1 EL Sonnenblumenöl
100 ml Fisch- oder Gemüsefond
100 g Schlagsahne
2 EL mittelscharfer Senf
80 g kalte Butter
1 Prise Chilipulver

Zubereitungszeit: 50 Minuten, ohne Abkühlzeit
Garzeit: etwa 15 Minuten

1 Kartoffeln schälen, abspülen und trocken tupfen. Die Kartoffeln in etwa ½ cm dicke Scheiben schneiden.

2 Von der Butter 50 g in einer Pfanne zerlassen. Kartoffelscheiben darin unter mehrmaligem Wenden anbraten.

3 Den Backofen vorheizen.
Ober-/Unterhitze: etwa 200 °C
Heißluft: etwa 180 °C

4 Fischfilets unter fließendem kalten Wasser abspülen, trocken tupfen und in etwa 2 cm dicke Scheiben schneiden.

5 Schalotten abziehen, zuerst in Scheiben schneiden, dann in Ringe teilen. 50 g von der restlichen Butter in einer zweiten Pfanne zerlassen. Schalottenringe darin glasig dünsten, abkühlen lassen und mit Senf verrühren.

6 Wirsing putzen, waschen, abtropfen lassen und in feine Streifen schneiden. Wirsingstreifen in kochendem Salzwasser etwa 2 Minuten blanchieren, mit eiskaltem Wasser abschrecken und in einem Sieb abtropfen lassen.

7 Ein Drittel der Kartoffelscheiben kreisförmig in eine Springform (Ø 24 cm, gefettet, eventuell außen einen Streifen Alufolie darumlegen) legen, mit Salz und Pfeffer bestreuen. Die Hälfte der Wirsingstreifen daraufgeben und die Hälfte der Fischfiletscheiben darauf verteilen, mit Salz und Pfeffer bestreuen. Die Hälfte der Schalotten-Senf-Masse daraufstreichen.

8 Den Vorgang wiederholen und mit den restlichen Kartoffelscheiben abschließen. Die Kartoffelscheiben mit Salz und Pfeffer bestreuen. Restliche Butter zerlassen, abkühlen lassen und daraufträufeln. Die Form auf dem Rost in den vorgeheizten Backofen schieben. Den Hamburger Pfannfisch etwa 15 Minuten garen.

9 Die Form auf einen Rost stellen. Den Pfannfisch in der Form etwas abkühlen lassen.

10 Für die Senfsauce die Schalotten abziehen und fein würfeln. Das Öl in einem Topf erhitzen, die Schalottenwürfel darin glasig dünsten. Fond und Sahne dazugießen, den Senf einrühren und die Sauce erhitzen. Die Butter in grobe Würfel schneiden und die Sauce einmixen. Die Sauce mit Salz, Pfeffer und Chili abschmecken. Den Topf vom Herd nehmen und die Sauce warm halten.

11 Den Springformrand entfernen. Den Pfannfisch auf einer vorgewärmten Platte anrichten und in Tortenstücke schneiden. Die Senfsauce dazureichen.

Matjesfilets nach Hausfrauen-Art

Und schon träumt man von Häfen, Strand und Booten.

4 Portionen
8 Matjesfilets (etwa 600 g)
250 ml Wasser
Salz
3 Zwiebeln
400 g säuerliche Äpfel, z. B. Cox Orange
150 g abgetropfte Gewürzgurken (aus dem Glas)
200 g Schlagsahne
150 g Crème fraîche oder Schmand (Sauerrahm)
3 EL Zitronensaft
gem. Pfeffer
Zucker

Zubereitungszeit: etwa 30 Minuten, ohne Durchziehzeit

Besucher aus ganz Europa kommen jedes Jahr zum Matjesfest nach Emden.

1 Matjesfilets unter fließendem kalten Wasser abspülen und trocken tupfen. Evtl. noch vorhandene Gräten entfernen und die Filets in etwa 2 cm große Stücke schneiden.

2 Wasser in einem Topf zum Kochen bringen. ¼ Teelöffel Salz zufügen. Zwiebeln abziehen und in Scheiben schneiden. Zwiebelscheiben kurz in dem kochenden Salzwasser blanchieren, dann in einem Sieb abtropfen lassen.

3 Äpfel schälen, vierteln und das Kerngehäuse entfernen. Äpfel und Gewürzgurken in Scheiben schneiden.

4 Sahne mit Crème fraîche oder Schmand und Zitronensaft verrühren, mit Salz, Pfeffer und Zucker abschmecken. Zwiebel-, Apfel- und Gurkenscheiben unterrühren. Die Matjesfiletstücke mit der Sauce vermengen, mit Frischhaltefolie zugedeckt in den Kühlschrank stellen und etwa 12 Stunden in der Sauce durchziehen lassen.

Beilagen: Pellkartoffeln und gebräunte Zwiebelringe sowie grüne Bohnen.
Westfälisch wird es mit Bratkartoffeln (Seite 83) und abgetropften Cornichons und/oder abgetropfter Rote Bete (beides aus dem Glas).

Tipps: Dazu schmeckt ein gut gekühltes Bier.
Die Matjesfilets mit abgespültem, trocken getupftem und fein gehacktem Dill garnieren.

Aus dem Forellenteich
frisch auf den Tisch.

Forelle blau Mit Alkohol

Wenn Sie direkt fünf machen, haben Sie Ihr persönliches Forellenquintett.

4 Portionen

4 küchenfertige Forellen (je etwa 200 g)
1 Zwiebel
375 ml Weißwein
750 ml Salzwasser
5 EL Speiseessig
1 Lorbeerblatt
5 Pfefferkörner
4–5 Wacholderbeeren
3–4 Stängel glatte Petersilie
1–2 Bio-Zitronen (unbehandelt, ungewachst)
1–2 EL Olivenöl

Zubereitungszeit: 30 Minuten

1 Die Forellen innen und außen unter fließendem kalten Wasser abspülen. Dabei darauf achten, dass die äußere Schleimschicht nicht verletzt wird (sonst werden die Forellen nicht blau). Die Forellen trocken tupfen. Zwiebel abziehen und in Viertel schneiden.

2 Weißwein mit Salzwasser, Zwiebelvierteln, Essig, Lorbeerblatt, Pfefferkörnern und Wacholderbeeren in einem großen Topf zum Kochen bringen. Die Mischung 2–3 Minuten kochen lassen.

3 Die Forellen in den siedenden Sud geben, alles wieder zum Kochen bringen. Die Forellen bei mittlerer Hitze zugedeckt in 15–20 Minuten gar ziehen lassen. Sobald sich die Rückenflosse herausziehen lässt, sind die Forellen gar.

4 In der Zwischenzeit die Petersilie abspülen, trocken tupfen und die Blättchen von den Stängeln zupfen. Die Zitrone bzw. Zitronen heiß abwaschen, abtrocknen und in dünne Scheiben schneiden.

5 Die garen Forellen aus dem Sud nehmen, abtropfen lassen und auf Tellern anrichten. Die Forellen mit etwas Olivenöl beträufeln und mit Petersilienblättchen und Zitronenscheiben garniert servieren.

Beilagen: Während die Forellen gar ziehen, haben Sie auch noch Zeit, einen leckeren **Schnittlauchjoghurt** als Beilage zuzubereiten. Dafür 1 Bund Schnittlauch abspülen, trocken tupfen und in feine Röllchen schneiden. 300 g Joghurt mit den Schnittlauchröllchen verrühren. Schnittlauchjoghurt mit gemahlenem Pfeffer und Salz würzen.
Als klassische Beilage bereiten Sie aus 750 g Kartoffeln (Rohgewicht, ungeschält) und 1 Teelöffel Salz Salzkartoffeln zu und bestreuen diese mit etwas Petersilie.

Variante: Für **Forelle „Müllerin"** die Forellen wie beschrieben abspülen und würzen. Dann in 40 g Weizenmehl wenden, überschüssiges Mehl abklopfen. 3 Esslöffel Sonnenblumenöl in einer Pfanne erhitzen. Die Forellen darin von beiden Seiten bei mittlerer Hitze anbraten. 40 g Butter hinzufügen und zerlassen. Die Forellen in etwa 10 Minuten unter mehrmaligem Wenden gar braten und mit abgespülten, trocken getupften Bio-Zitronenscheiben (unbehandelt, ungewachst) garniert servieren.
Für **Mandelforellen** können Sie 50–75 g gehobelte Mandeln in der Pfanne mitbräunen lassen und zum Servieren über die Forellen geben.

4 Portionen
2 Karpfen (je etwa 1 ½ kg, vom Fischhändler ausnehmen und entlang des Rückgrats halbieren lassen)
Salz
gem. Pfeffer

Für den Teig:
100 g Weizenmehl
50 g Weichweizengrieß

Ausbackfett

Zubereitungszeit: 25 Minuten, ohne Stehzeit
Ausbackzeit: 10–15 Minuten

1 Die Karpfenhälften unter fließend kaltem Wasser abspülen und trocken tupfen. Karpfenhälften mit Salz und Pfeffer bestreuen und etwa 30 Minuten stehen lassen.

2 Für den Teig Mehl mit Weizengrieß gut vermischen.

3 Zum Ausbacken soviel Ausbackfett in einer großen, tiefen Pfanne auf etwa 175° C erhitzen, dass sich um einen in das Fett gehaltenen Holzlöffelstiel Bläschen bilden.

4 Die Karpfenhälften in der Mehl-Grieß-Mischung wenden. Die Karpfen portionsweise und mit dem Kopf zuerst (damit sich die Schwänze nach oben heben) in das siedende Ausbackfett geben. Die Karpfen in 10–15 Minuten von beiden Seiten goldbraun backen.

5 Die Karpfen mit einem Schaumlöffel herausnehmen, auf Küchenpapier gut abtropfen lassen und servieren.

Beilage: Dazu schmeckt ein süddeutscher Kartoffelsalat (Seite 9). Diesen jedoch ohne Speck, aber mit einer halben Salatgurke und zwei Radieschen zubereiten. Dafür die Salatgurke abspülen, abtrocknen, längs halbieren, entkernen und in Halbmonde schneiden. Radieschen putzen, ebenfalls abspülen, abtrocknen und in dünne Scheiben schneiden. Beides unter den Salat heben. Den Salat nach Belieben mit frisch gehackter Petersilie und/oder Schnittlauchröllchen bestreuen. Statt des Kartoffelsalats schmecken auch Salzkartoffeln und/oder ein grüner Salat.

Tipp: Die Karpfen mit abgespülten, abgetrockneten Bio-Zitronenscheiben (unbehandelt, ungewachst) servieren. Zu den Karpfen entweder ein kräftiges Schwarzbier oder einen Weißwein – natürlich aus Franken – trinken.

Weiher für die Karpfenzucht im fränkischen Aischgrund

Aischgründer Karpfen, gebacken

Aischgründer Karpfen, gebacken

Ausgenommen ein ausnehmend schmackhaftes Essen.

Malerische Bootshäuser an der Mecklenburgischen Seenplatte

Zander mit Rahmkraut Mit Alkohol

Daran hätte auch Fischers Fritze seine Freude.

4 Portionen

Für das Rahmkraut:
2 Zwiebeln
1 süßsaurer Apfel, z. B. Cox Orange
4 Wacholderbeeren
10 Pfefferkörner
2 Lorbeerblätter
50 g Butter
500 g Sauerkraut
500 ml trockener Weißwein

Für die Buttersauce:
1 kleine Zwiebel
80 ml trockener Weißwein
150 ml Gemüse- oder Fischfond
200 g Sahne
100 g eiskalte Butter
Salz
gem. Pfeffer

150 g Crème fraîche
1 Prise Zucker

4 Zandermedaillons mit Haut (je etwa 150–160 g)
2 EL Speiseöl, z. B. Sonnenblumenöl

Zubereitungszeit: 25–30 Minuten
Garzeit: 40–45 Minuten

1 Für das Rahmkraut die Zwiebeln abziehen, halbieren und fein würfeln. Den Apfel schälen, vierteln, das Kerngehäuse entfernen. Apfel auf einer Küchenreibe grob raspeln. Die Wacholderbeeren andrücken und mit den Pfefferkörnern und den Lorbeerblättern in ein Tee-Ei oder -Säckchen geben. Das Tee-Ei bzw. -Säckchen gut verschließen.

2 Die Butter in einem Topf zerlassen. Die Zwiebeln darin glasig dünsten. Dann Apfelraspel, Sauerkraut und Wein hinzugeben. Das Tee-Ei bzw. -Säckchen in die Mitte setzen. Das Sauerkraut zugedeckt bei mittlerer Hitze etwa 30 Minuten garen, dabei zwischendurch umrühren.

3 Für die Buttersauce in der Zwischenzeit die Zwiebel abziehen und fein würfeln. Die Zwiebelwürfel mit dem Weißwein, Fond und der Sahne zum Kochen bringen. Die Sauce auf ein Viertel einkochen lassen, dann mit einem Pürierstab gut pürieren. Die Butter in grobe Würfel schneiden, mit einem Schneebesen in die Sauce einrühren, dann mit Salz und Pfeffer abschmecken. Die Buttersauce zugedeckt warm stellen, aber nicht mehr kochen lassen, da sie sonst gerinnt.

4 Das Tee-Ei oder -Säckchen entfernen. Die Crème fraîche unter das Sauerkraut rühren und ohne Deckel weitere etwa 10 Minuten kochen lassen. Das Rahmkraut mit Salz, Pfeffer und Zucker abschmecken.

5 Die Zandermedaillons unter fließendem kalten Wasser abspülen, trocken tupfen, mit Salz und Pfeffer würzen.

6 Das Speiseöl in einer Pfanne erhitzen. Die Zandermedaillons darin bei mittlerer Hitze zuerst auf der Hautseite 2–3 Minuten braten, dann auf der Innenseite etwa 1 ½ Minuten goldgelb braten.

7 Die gebratenen Medaillons mit dem Rahmkraut und der Buttersauce anrichten.

Beilage: Salzkartoffeln.

Grünkohl kann den ganzen Winter über geerntet werden.

Grünkohl mit Kasseler und Pinkel

So lecker kann die eisige Winterkälte sein.

4 Portionen
4 l Wasser
4 TL Salz
1 ½ kg Grünkohl
2 Zwiebeln
100 g Schweineschmalz
2 EL Haferflocken
500 g Kasseler Rippenspeer
250 g durchwachsener Speck
375 ml Wasser
Salz
4 geräucherte Grützwürste (Pinkel)
gem. Pfeffer
ger. Muskatnuss
1 Prise Zucker

Zubereitungszeit: 40 Minuten, ohne Abkühlzeit
Garzeit: 1 Stunde und 20 Minuten

1 Wasser in einem großen Topf zugedeckt zum Kochen bringen, Salz hinzufügen. Inzwischen von dem Grünkohl die äußeren Blätter und die Blattrippen entfernen. Den Grünkohl gründlich waschen und abtropfen lassen. Den Grünkohl evtl. portionsweise in das kochende Salzwasser geben, zum Kochen bringen und 1–2 Minuten blanchieren. Anschließend kurz mit kaltem Wasser abschrecken, in einem Sieb abtropfen und etwas abkühlen lassen. Anschließend den Grünkohl grob hacken.

2 Zwiebeln abziehen und würfeln. Den Schmalz in einem großen Topf zerlassen. Die Zwiebelwürfel darin unter Rühren glasig dünsten und den Grünkohl hinzufügen.

3 Haferflocken unterrühren und erhitzen. Kasseler abspülen, mit Küchenpapier trocken tupfen und den Knochen auslösen. Das Fleisch mit dem Knochen zum Grünkohl geben. Speck und Wasser hinzufügen, mit Salz würzen, zum Kochen bringen und zugedeckt etwa 1 Stunde kochen lassen.

4 Die Grützwürste zu dem Grünkohl geben und zugedeckt etwa 20 Minuten mitkochen lassen.

5 Fleisch, Knochen und Würste herausnehmen und zugedeckt warm stellen.

6 Den Grünkohl mit Salz, Pfeffer, Muskat und Zucker abschmecken. Das Fleisch und den Speck in Scheiben schneiden, mit den Grützwürsten und dem Grünkohl auf einer Platte anrichten.

Beilage: Salz- oder Bratkartoffeln.

Maultaschen mit Spinatfüllung

Zusammenfalten, abschöpfen, genießen. So geht Pasta auf schwäbisch.

4 Portionen (24 Stück)

Zum Vorbereiten:
600 g TK-Blattspinat

Für den Teig:
300 g Weizenmehl
3 Eier (Größe M)
1 EL Speiseöl, z. B. Sonnenblumenöl
½ gestr. TL Salz
evtl. etwas Wasser

Für die Spinatfüllung:
2 Zwiebeln
2 Knoblauchzehen
2 EL Speiseöl, z. B. Sonnenblumen- oder Olivenöl
Salz
gem. Pfeffer
ger. Muskatnuss
1 Eigelb (Größe M)
1 Eiweiß (Größe M)
etwa 3 l Gemüse- oder Fleischbrühe
3–4 EL Schnittlauchröllchen

Zubereitungszeit: 1 Stunde und 15 Minuten, ohne Auftau- und Teigruhezeit
Garzeit: etwa 15 Minuten

1 Zum Vorbereiten Blattspinat nach Packungsanleitung auftauen lassen.

2 Für den Teig Mehl in eine Rührschüssel geben. Eier, Öl und Salz zufügen. Die Zutaten mit einem Mixer (Knethaken) kurz auf niedrigster, dann auf höchster Stufe in etwa 3 Minuten zu einem glatten Teig verarbeiten, evtl. noch etwas Wasser zugeben. Den Teig zugedeckt etwa 40 Minuten ruhen lassen.

3 Für die Spinatfüllung in der Zwischenzeit den aufgetauten Blattspinat gut ausdrücken und grob hacken. Zwiebeln und Knoblauch abziehen und würfeln.

Neues Schloss in Stuttgart

4 Öl in einem Topf erhitzen. Zwiebel- und Knoblauchwürfel darin unter Rühren dünsten. Spinat zugeben und mit Deckel bei schwacher Hitze etwa 3 Minuten dünsten. Den Spinat mit Salz, Pfeffer und Muskat würzen, etwas abkühlen lassen. Anschließend das Eigelb unterrühren.

5 Den Teig auf einer leicht bemehlten Arbeitsfläche dünn zu einem Rechteck (mindestens 40 x 60 cm) ausrollen. Aus dem Teigrechteck Quadrate (je 10 x 10 cm) ausrädeln. Etwas von der Füllung auf jedes Teigquadrat geben. Das Eiweiß mit einer Gabel verschlagen und die Teigränder damit bestreichen. Die Teigquadrate zu Dreiecken übereinanderklappen, die Ränder andrücken.

6 Gemüse- oder Fleischbrühe in einem großen Topf erhitzen. Die Maultaschen portionsweise hineingeben und ohne Deckel bei schwacher bis mittlerer Hitze etwa 15 Minuten garen. Die gegarten Maultaschen mit einer Schaumkelle aus der Brühe nehmen und warm stellen. Die restlichen Maultaschen ebenso zubereiten.

7 Die fertigen Maultaschen mit etwas von der Brühe in Suppentellern und mit Schnittlauchröllchen bestreut servieren.

Tipps: Die gegarten Maultaschen abtropfen lassen, von beiden Seiten in zerlassener Butter anbraten und mit in Butter gebräunten Semmelbröseln oder in Butterschmalz oder Öl braun gebratenen Zwiebelringen (von 6–8 Zwiebeln) servieren.
Den Nudelteig am besten mit einer Nudelmaschine ausrollen. Gegarte Maultaschen sind gefriergeeignet.

Dicke Bohnen mit Speck

Rheinisch, deftig, lecker. Man kann sie ohne Kölsch essen. Muss man aber nicht.

4 Portionen

500 g frische dicke, ausgespalte Bohnen (2 ½– 3 kg mit Hülsen)
1 Stängel Bohnenkraut
100 g durchwachsener Speck
2–3 Zwiebeln
gut 125 ml Wasser
Salz
gem. Pfeffer
1 EL Schnittlauchröllchen

Zubereitungszeit: 15 Minuten
Garzeit: etwa 40 Minuten

1 Bohnen und Bohnenkraut abspülen und trocken tupfen. Den Speck in Würfel schneiden.

2 Eine Pfanne erhitzen, die Speckwürfel darin auslassen. Die Zwiebeln abziehen, halbieren und in Scheiben schneiden. Zwiebelscheiben zu dem Speck in die Pfanne geben und darin goldgelb dünsten lassen. Die Bohnen hinzufügen und mitdünsten lassen.

3 Bohnenkraut und Wasser dazugeben, mit Salz und Pfeffer würzen. Die Zutaten in etwa 40 Minuten gar dünsten. Dicke Bohnen mit Speck mit Schnittlauch bestreut servieren.

Beilage: Durchwachsener Speck, in Scheiben geschnitten und braun gebraten.

Arbeiten an der frischen Luft macht hungrig.

Bauernfrühstück

Danach kann der Tag ruhig kommen!

4 Portionen

750 g festkochende Kartoffeln
4 Zwiebeln
75 g durchwachsener Speck
30 g Margarine oder 3 EL Speiseöl
3 Eier (Größe M)
3 EL Milch
Salz
gem. Pfeffer
Paprikapulver edelsüß
ger. Muskatnuss
125 g Schinkenspeck
2 EL Schnittlauchröllchen

Zubereitungszeit:
35 Minuten, ohne Abkühlzeit

1 Die Kartoffeln unter fließendem Wasser abbürsten, knapp mit Wasser bedeckt, zugedeckt zum Kochen bringen und in etwa 20 Minuten gar kochen. Kartoffeln abgießen, mit kaltem Wasser abschrecken, abtropfen lassen. Kartoffeln noch warm pellen und in Scheiben schneiden.

2 Zwiebeln abziehen und in kleine Würfel schneiden. Speck ebenfalls klein würfeln. Speckwürfel in einer Pfanne auslassen. Margarine oder Speiseöl hinzugeben und erhitzen. Zwiebelwürfel darin glasig dünsten. Kartoffelscheiben hinzufügen und unter Wenden braun anbraten.

3 Die Eier mit der Milch verschlagen, mit Salz, Pfeffer, Paprika und Muskat würzen. Schinkenspeck in Würfel schneiden, mit den Schnittlauchröllchen unter die Eiermilch rühren und auf den gebräunten Kartoffeln verteilen. Die Eiermasse bei schwacher bis mittlerer Hitze stocken lassen, evtl. einmal wenden.

4 Das Bauernfrühstück anrichten und sofort servieren.

Variante: Für klassische **Bratkartoffeln** 1 kg festkochende Kartoffeln wie unter Punkt 1 beschrieben kochen, pellen und in Scheiben schneiden. 5–7 Esslöffel Speiseöl in einer großen Pfanne erhitzen. Die Kartoffelscheiben zufügen, mit Salz und Pfeffer würzen. Kartoffeln unter gelegentlichem Wenden in etwa 15 Minuten bei schwacher bis mittlerer Hitze goldbraun braten. In der Zwischenzeit Zwiebeln abziehen und fein würfeln. Die Zwiebelwürfel zu den Kartoffeln geben und weitere 2 Minuten unter gelegentlichem Wenden braten. Die Bratkartoffeln mit Salz und Pfeffer abschmecken und mit Schnittlauchröllchen bestreuen.

Käsespätzle

Urschwäbische Spezialität. Schicht für Schicht ein Gedicht.

Weinreben in den Hessigheimer Felsengärten.

4 Portionen
3 Zwiebeln
30 g Butter oder Margarine

Für die Spätzle:
250 g Weizenmehl
3 Eier (Größe M)
½ TL Salz
1 Msp. ger. Muskatnuss
etwa 100 ml Wasser oder Milch
3 l Wasser
3 TL Salz

200 g ger. Emmentaler
2–3 EL Schnittlauchröllchen

Zubereitungszeit: 40 Minuten
Gar-/Backzeit: 23–25 Minuten

1 Die Zwiebeln abziehen, zunächst in Scheiben schneiden, dann in Ringe teilen. Butter oder Margarine in einer Pfanne zerlassen. Die Zwiebelringe unter Rühren darin bräunen, dann auf einen Teller geben.

2 Den Backofen vorheizen.
Ober-/Unterhitze: etwa 200 °C
Heißluft: etwa 180 °C

3 Für die Spätzle Mehl in eine Rührschüssel geben. Eier, Salz, Muskat und Wasser oder Milch zugeben. Die Zutaten mit einem Holzlöffel verrühren, dabei darauf achten, dass keine Klümpchen entstehen. Den Teig so lange rühren, bis er eine zähe, dickflüssige Konsistenz hat und Blasen wirft.

4 Wasser in einem großen Topf zugedeckt zum Kochen bringen. Salz hinzufügen. Den Teig portionsweise mit einem Spätzlehobel oder durch eine Spätzlepresse in das kochende Salzwasser geben und 3–5 Minuten gar kochen (die Spätzle sind gar, wenn sie an der Oberfläche schwimmen).

5 Die gegarten Spätzle mit einer Schaumkelle aus dem Wasser nehmen, in ein Sieb geben, mit kaltem Wasser abschrecken und abtropfen lassen.

6 Die Spätzle abwechselnd mit dem Käse in eine Auflaufform (gefettet) schichten. Die letzte Schicht sollte aus Käse bestehen. Die Form auf dem Rost in den vorgeheizten Backofen (Mitte) schieben. Die Käsespätzle etwa 20 Minuten backen.

7 Die Käsespätzle mit gebräunten Zwiebelringen und Schnittlauchröllchen bestreut servieren.

Beilage: Ein gemischter Salat.

Schupfnudeln

Schupfnudeln

Auch als Fingernudeln oder Schopperla
Stück für Stück handgeformte Unikate.

Historische Altstadt von Nürtingen zwischen Neckartal und Schwäbischer Alb.

4 Portionen (36 Stück)
300 g mehligkochende Kartoffeln
Salz
1 Ei (Größe M)
100 g Weizenmehl
gem. Pfeffer
ger. Muskatnuss
Salzwasser (auf 1 l Wasser 1 TL Salz)
30 g Butter

Zubereitungszeit: 25 Minuten, ohne Abkühlzeit
Garzeit für die Kartoffeln: etwa 20 Minuten
Garzeit für die Schupfnudeln: 6–8 Minuten

1 Kartoffeln schälen, abspülen und abtropfen lassen. Die Kartoffeln knapp mit Wasser bedeckt, zugedeckt zum Kochen bringen. Salz hinzufügen. Die Kartoffeln in etwa 20 Minuten gar kochen. Anschließend die Kartoffeln abgießen, abdämpfen, sofort durch die Kartoffelpresse geben oder mit einem Kartoffelstampfer zerdrücken und erkalten lassen.

2 Ei, Mehl, Salz, Pfeffer und Muskat mit der Kartoffelmasse in eine Rührschüssel geben. Die Zutaten mit einem Mixer (Knethaken) verkneten. Dann auf einer bemehlten Arbeitsfläche zu einem glatten Teig verkneten. Aus der Masse mit bemehlten Händen zuerst fingerdicke, etwa 5 cm lange Röllchen formen, dann die Röllchen an den Enden etwas dünner rollen.

3 In einem großen Topf so viel Salzwasser zum Kochen bringen, dass die Schupfnudeln in dem Wasser „schwimmen“ können. Die Schupfnudeln in das kochende Salzwasser geben, wieder zum Kochen bringen und ohne Deckel 3–4 Minuten gar ziehen lassen (das Wasser muss sich leicht bewegen).

4 Die Schupfnudeln mit einer Schaumkelle aus dem Wasser nehmen und gut abtropfen lassen. Die Butter zerlassen. Die Schupfnudeln darin unter gelegentlichem Rühren 3–4 Minuten braten.

Tipp: Die Schupfnudeln zu Rinderschmorbraten, Gulasch, Geschnetzeltem oder Sauerkraut servieren.

Rahmschwammerl mit Semmelknödeln

Der kulinarische Himmel Bayerns.

4–6 Portionen

Für die Semmelknödel:

50 g durchwachsener Speck
2 Zwiebeln
1 EL Speiseöl, z. B. Sonnenblumenöl
300 g (etwa 8 Stück) Semmeln (Brötchen) vom Vortag
300 ml Milch
30 g Butter
4 Eier (Größe M)
2 EL gehackte Petersilie
Salz
Salzwasser (auf 1 l Wasser 1 TL Salz)

Für die Rahmschwammerl:

800 g gemischte Pilze, z. B. Pfifferlinge, Champignons, Kräutersaitlinge, Steinpilze
1 Zwiebel
2 EL Butterschmalz oder Sonnenblumenöl
gem. Pfeffer
15 g Mehl
300 g Schlagsahne
abgeriebene Schale von ½ Bio-Zitrone (unbehandelt, ungewachst)
150 g Crème fraîche
3 EL gehackte Petersilie

Zubereitungszeit: 50 Minuten, ohne Abkühlzeit

knödeln

1 Für die Knödel den Speck in Würfel schneiden. Zwiebeln abziehen und fein würfeln. Öl in einer Pfanne erhitzen. Die Speckwürfel darin knusprig braten. Zwiebelwürfel zufügen und bei schwacher Hitze unter Rühren dünsten.

2 Die Semmeln in kleine Würfel schneiden und in eine Schüssel geben. Die Milch mit der Butter erhitzen, über die Semmelwürfel gießen und gut verrühren. Die Speck-Zwiebel-Masse mit dem Bratfett unter die eingeweichten Semmelwürfel rühren und abkühlen lassen.

3 Eier mit Petersilie verschlagen, mit der abgekühlten Masse vermengen und mit Salz würzen. Aus der Masse mit bemehlten Händen 12 Knödel formen. In einem großen Topf so viel Salzwasser zum Kochen bringen, dass die Knödel in dem Wasser „schwimmen" können. Die Knödel in das kochende Salzwasser geben, wieder zum Kochen bringen und etwa 20 Minuten gar ziehen lassen (das Wasser muss sich leicht bewegen).

4 Für die Rahmschwammerl in der Zwischenzeit Pilze putzen, evtl. kurz abspülen und trocken tupfen. Pilze in grobe Stücke schneiden. Die Zwiebel abziehen und fein würfeln. Butterschmalz oder Öl in einer großen Pfanne erhitzen. Die Zwiebelwürfel darin andünsten, dann die Pilze dazugeben und mitdünsten, bis sie leicht glänzen. Die Pilzmischung mit Salz und Pfeffer würzen.

5 Die Pilze mit Mehl bestreuen und so lange durchschwenken, bis kein Mehl mehr zu sehen ist. Anschließend die Sahne und die Zitronenschale dazugeben. Die Pilze 3–4 Minuten leicht kochen lassen.

6 Zuletzt die Crème fraîche und 2 Esslöffel Petersilie einrühren, noch mal kurz aufkochen lassen und nach Belieben mit Salz und Pfeffer abschmecken.

7 Die gegarten Knödel mit einer Schaumkelle aus dem Wasser nehmen und gut abtropfen lassen

8 Rahmschwammerln mit Semmelknödeln anrichten und mit der restlichen Petersilie bestreuen.

Tipps: Die Semmelknödel schmecken auch als Beilage zu Braten.
Die Semmeln (Brötchen) sollten Sie vor dem Verarbeiten 2–3 Tage trocknen lassen.

Variante: Für **Brezelknödel** die Brötchen durch Laugengebäck ersetzen und zusätzlich 1 Esslöffel Schnittlauchröllchen unter die Knödelmasse mischen.

Gekochte Kartoffelklöße (im Foto rechts)

Sobald sie oben schwimmen, gibt es kein Halten mehr.

4 Portionen (12 Stück)
750 g mehligkochende Kartoffeln
50 g Semmelbrösel
20 g Weizenmehl
2 Eier (Größe M)
Salz
ger. Muskatnuss
Salzwasser (auf 1 l Wasser 1 TL Salz)

Zubereitungszeit: 40 Minuten (an 2 Tagen), ohne Kühlzeit
Garzeit für die Kartoffeln: etwa 20 Minuten
Garzeit für die Klöße: etwa 20 Minuten

1 Die Kartoffeln unter fließendem Wasser abbürsten, knapp mit Wasser bedeckt, zugedeckt zum Kochen bringen und in etwa 20 Minuten gar kochen. Kartoffeln abgießen, mit kaltem Wasser abschrecken, abtropfen lassen. Kartoffeln noch warm pellen, sofort durch eine Kartoffelpresse geben oder mit einem Kartoffelstampfer zerdrücken, abkühlen lassen und zugedeckt über Nacht kalt stellen.

2 Semmelbrösel, Mehl und Eier mit einem Mixer (Knethaken) oder einem Rührlöffel unter die Kartoffelmasse kneten, mit Salz und Muskat würzen. Aus der Masse mit bemehlten Händen 12 Klöße formen.

3 In einem großen Topf so viel Salzwasser zum Kochen bringen, dass die Klöße in dem Wasser „schwimmen" können. Klöße in das kochende Salzwasser geben, wieder zum Kochen bringen und ohne Deckel etwa 20 Minuten gar ziehen lassen (das Wasser muss sich leicht bewegen). Die gegarten Klöße mit einer Schaumkelle aus dem Wasser nehmen und gut abtropfen lassen.

Varianten: Für **Kartoffelklöße halb und halb** (im Foto links vorne) zunächst 750 g mehligkochende Kartoffeln wie unter Punkt 1 beschrieben zubereiten und über Nacht kalt stellen. Dann 500 g mehligkochende Kartoffeln schälen, abspülen und in eine Schüssel mit kaltem Wasser reiben. Die geriebenen Kartoffeln in ein Sieb geben, mit einem Küchentuch gut auspressen und zu den gekochten Kartoffeln geben. 1 Ei (Größe M), 65 g Weizenmehl und 1 gestrichenen Teelöffel Salz unter die Kartoffeln kneten. Aus der Masse mit bemehlten Händen etwa 12 Klöße formen und wie unter Punkt 3 beschrieben gar ziehen lassen.

Für **rohe Kartoffelklöße** (im Foto links hinten) 1 ½ kg mehligkochende Kartoffeln schälen, abspülen, abtropfen lassen und in eine Schüssel mit kaltem Wasser reiben. Ein Sieb mit einem Küchentuch auslegen, die Kartoffelmasse hineingeben, das Tuch zusammendrehen und gut auspressen. Die Masse in eine Rührschüssel geben. 250 ml Milch mit 40 g Butter oder Margarine und 2 gestrichenen Teelöffeln Salz in einem Topf zum Kochen bringen. 150 g Hartweizengrieß unter Rühren einstreuen, kurz aufkochen lassen. Die Grießmilch sofort zu den ausgepressten Kartoffeln geben. Die Zutaten mit einem Mixer (Knethaken) zu einer glatten Masse verkneten. Die Kartoffel-Grieß-Masse nochmals mit Salz abschmecken. 1 Brötchen (Semmel) in kleine Würfel schneiden. 30 g Butter oder Margarine in einer Pfanne zerlassen, die Brötchenwürfel darin unter gelegentlichem Rühren goldbraun rösten. Aus der Kartoffelmasse 12 Klöße formen, in jeden Kloß einige Brötchenwürfel drücken. Die Klöße wie unter Punkt 3 beschrieben gar ziehen lassen.

Tipps: Kartoffelklöße zu Fleischgerichten mit Sauce, z. B. Schweinebraten, Sauerbraten oder Rinderrouladen servieren.

Die Reibekuchen-Bude darf auf keinem Weihnachtsmarkt, Straßenfest oder Jahrmarkt fehlen.

Reibekuchen

Auch Kartoffelpuffer, Reiberdatischi oder Dotsch. Andere Namen – gleicher Genuss.

4 Portionen

1 kg festkochende Kartoffeln
1 Zwiebel
3 Eier (Größe M)
1 gestr. TL Salz
gem. Pfeffer
ger. Muskatnuss
40 g Weizenmehl
100 ml Speiseöl, z. B. Sonnenblumenöl

Zubereitungszeit: 45 Minuten

1 Kartoffeln schälen, abspülen und abtropfen lassen. Die Zwiebel abziehen. Kartoffeln und Zwiebel auf der Haushaltsreibe grob reiben. Aus der Masse evtl. etwas Flüssigkeit ausdrücken.

2 Die Kartoffel-Zwiebel-Masse mit Eiern, Salz, Pfeffer, Muskatnuss und Mehl verrühren.

3 Etwas von dem Speiseöl in einer beschichteten Pfanne erhitzen. Den Teig portionsweise mit einer Saucenkelle oder einem großen Löffel in die Pfanne geben. Den Teig mit einem Löffel flach drücken und bei mittlerer Hitze von beiden Seiten braten, bis der Rand knusprig braun ist. Die fertigen Reibekuchen aus der Pfanne nehmen und auf Küchenpapier legen.

4 Überschüssiges Fett mit Küchenpapier abtupfen. Die Reibekuchen sofort servieren oder warm stellen. Aus dem restlichen Kartoffelteig auf die gleiche Weise weitere Reibekuchen braten.

Tipps: Wenn die Hälfte des Mehls durch 2–3 Esslöffel Haferflocken ersetzt wird, werden die Reibekuchen noch knuspriger.
Die Reibekuchen mit etwas Crème fraîche und etwa 100 g feinen Schinkenstreifen (Schippelschinken) servieren.
Sie können auch einfach Apfelmus oder -kompott als Beilage reichen und nach Belieben mit etwas Zimtzucker bestreuen.
Probieren Sie die Reibekuchen auch einmal kalt als Belag auf einem Butterbrot.

Himmel und Erde mit Blutwurst

Himmel und Erde mit Blutwurst

Nicht nur im Rheinland heißgeliebt. „Da simmer dabei!“

4 Portionen
800 g mehligkochende Kartoffeln
Salz
500 g mürbe Äpfel
1 EL Zucker
200–250 ml Milch
abgeriebene Schale von ½ Bio-Zitrone (unbehandelt, ungewachst)
30 g Butter (zimmerwarm)
gem. Pfeffer
ger. Muskatnuss
100 g Frühstücksspeck (Bacon)
2 Zwiebeln
500 g Blutwurst
etwas Weizenmehl
2 EL Sonnenblumenöl

Zubereitungszeit: 20 Minuten
Garzeit: etwa 35 Minuten

Der Kölner Dom.
Weltkulturerbe mit Herz.

1 Kartoffeln schälen, abspülen, abtropfen lassen und in kleine Würfel schneiden. Die Kartoffelwürfel knapp mit Wasser bedeckt, zugedeckt zum Kochen bringen. Salz hinzufügen. Die Kartoffelwürfel in etwa 15 Minuten gar kochen.

2 In der Zwischenzeit die Äpfel schälen, vierteln, entkernen und in etwa 1 cm große Würfel schneiden. Die Apfelwürfel mit dem Zucker in einem Topf zugedeckt bei mittlerer Hitze weich dünsten.

3 Die Kartoffeln in ein Sieb abgießen und mit einem Kartoffelstampfer zerdrücken. Die Milch in einem Topf erhitzen. Kartoffeln mit Äpfeln, warmer Milch, Zitronenschale und Butter vermengen. Die Kartoffel-Apfel-Masse mit Salz, Pfeffer und Muskatnuss würzen.

4 Den Speck in Würfel schneiden. Zwiebeln abziehen, erst in Scheiben schneiden, dann in Ringe teilen. Eine Pfanne erhitzen, den Speck darin auslassen. Die Zwiebelringe hinzugeben und goldbraun braten.

5 Die Blutwurst in etwa 1 cm dicke Scheiben schneiden und in dem Mehl wenden. Das Öl in einer Pfanne erhitzen. Die Blutwurstscheiben darin von beiden Seiten anbraten. Den Kartoffel-Apfel-Stampf mit den Blutwurstscheiben und der Speck-Zwiebel-Masse anrichten und servieren.

Tipps: Himmel und Erde schmeckt auch zu gebratener Leber, Brühwurst, zu gebratener Ente oder zu Wildgerichten. Sie können die Kartoffeln auch durch eine Kartoffelpresse geben und anschließend mit den Äpfeln vermengen.

Frankfurter Grüne Sauce

Frankfurter Grüne Sauce

Nur echt mit mindestens sieben verschiedenen Kräutern.

4 Portionen
etwa 150 g frische Kräuter für Frankfurter Grüne Sauce
150 g Crème fraîche oder saure Sahne
1 kleine Zwiebel
150 g Joghurt
1–2 EL Olivenöl
1 TL mittelscharfer Senf
1 Spritzer Zitronensaft
½ TL Zucker
Salz
gem. Pfeffer

Zubereitungszeit: 20 Minuten

Frankfurt wird auch „Mainhattan" genannt.

1 Die Kräuter abspülen, trocken tupfen, die Blättchen von den Stängeln zupfen. Blättchen grob hacken und mit 2 Esslöffeln Crème fraîche oder saurer Sahne in einer Rührschüssel pürieren oder die Kräuter sehr fein hacken und mit Crème fraîche oder saurer Sahne verrühren. Die Zwiebel abziehen und fein würfeln.

2 Restliche Crème fraîche oder saure Sahne, Joghurt, Zwiebelwürfel, Öl und Senf mit der Kräuter-Crème-fraîche-Masse oder den Kräutern verrühren. Die Sauce mit Zitronensaft, Zucker, Salz und Pfeffer würzen und bis zum Servieren zugedeckt in den Kühlschrank stellen.

Verwendung: Die Frankfurter Grüne Sauce zu neuen Kartoffeln mit hart gekochten Eiern oder zu gekochtem Rindfleisch reichen.

Tipp: In die „echte" Frankfurter Grüne Sauce gehören 7 frische Kräuter. Je nach Jahreszeit kann die Zusammenstellung variiert werden. Es gibt abgepackte Kräutermischungen für die Sauce zu kaufen (etwa 150 g). Sie können auch 1 Bund gemischte Kräuter, z. B. Petersilie, Schnittlauch, Kerbel, Pimpinelle, Borretsch, Zitronenmelisse und Kresse oder Sauerampfer verwenden. Oder die frischen Kräuter durch TK-Kräuter ersetzen.

Handkäs mit Musik

Und dazu einen frischen Äppelwoi.
Das ist Hessen pur!

4 Portionen
400 g (2 Rollen) Harzer-Käse

Für die Marinade:
6 EL Speiseöl
8 EL Essig
Salz
gem. Pfeffer
Kümmelsamen
2 Zwiebeln
1 EL fein gehackte glatte Petersilie
etwas grob gem. Pfeffer

Zubereitungszeit: 15 Minuten, ohne Durchziehzeit

1 Harzer-Käse in 8 Scheiben schneiden. Den Käse in eine Keramik- oder Steingutschüssel geben.

2 Für die Marinade Öl mit Essig, Salz, Pfeffer und Kümmel verschlagen.

3 Zwiebeln abziehen, halbieren und in feine Würfel schneiden. Die Zwiebelwürfel unter die Marinade rühren. Die Marinade über den Käse geben. Den Handkäs etwa 12 Stunden durchziehen lassen.

4 Den Handkäs vor dem Servieren mit Petersilie und grob gemahlenem Pfeffer bestreuen.

Beilage: Ein frisches kräftiges Bauernbrot mit Butter.

Tipp: Dazu ganz traditionell Apfelwein reichen.

Der Römer – Wahrzeichen und Rathaus der Stadt Frankfurt am Main.

Obatzter

Klassisches bayerisches Biergartengericht. Auch so kann Anmachen Spaß machen.

etwa 550 g
4 Camemberts (je 125 g, 45 % Fett)
50 g Butter (zimmerwarm)
1 Zwiebel
1 EL ganze Kümmelsamen
Salz
gem. Pfeffer
etwas Paprikapulver edelsüß

Zubereitungszeit: 30 Minuten

Bier und Brotzeit unter Kastanienbäumen: Münchner Biergarten vor dem großen Ansturm.

1 Die Camemberts in Stücke schneiden und in eine Schüssel geben. Die Butter hinzufügen. Mithilfe einer Gabel die Camembertstücke mit der Butter vermengen.

2 Zwiebel abziehen, halbieren und in kleine Würfel schneiden. Die Zwiebelwürfel und den Kümmel unter die Käsemasse kneten. Die Käsemasse mit Salz, Pfeffer und Paprikapulver abschmecken. Obatzter in ein verschließbares Gefäß füllen und in den Kühlschrank stellen.

Tipps: Dazu schmecken Laugenbrezeln.
Zum Servieren 1 Zwiebel abziehen, in Ringe schneiden und in Paprikapulver wälzen. Obatzter mit den Zwiebelringen und mit einigen Petersilienblättchen garnieren.
Im Kühlschrank ist der Aufstrich etwa 3 Tage haltbar.
Wer den Aufstrich gerne etwas milder im Geschmack und etwas cremiger haben möchte, rührt zusätzlich noch etwa 100 g Frischkäse unter.

Buchteln

Böhmisch-österreichische Mehlspeise. Mit und ohne Füllung eine wahre Versuchung.

Das pittoreske Böhmisch Krumau (Český Krumlov) an einer Flussschleife der Moldau

12 Stück

Für den Hefeteig:

250 ml Milch
75 g Butter oder Margarine
500 g Weizenmehl
1 Pck. Dr. Oetker Trockenbackhefe
50 g Zucker
1 Pck. Dr. Oetker Vanillin-Zucker
4 Tropfen Zitronen-Aroma
1 Prise Salz
1 Ei (Größe M)

Zum Bestreichen:

50 g Butter

Zum Bestäuben:

etwas Puderzucker

Zubereitungszeit: 25 Minuten, ohne Teiggehzeit
Backzeit: etwa 25 Minuten

1 Für den Teig die Milch in einem kleinen Topf erwärmen. Die Butter oder Margarine darin zerlassen.

2 Das Mehl in eine Rührschüssel geben und mit Trockenbackhefe sorgfältig vermischen. Zucker, Vanillin-Zucker, Aroma, Salz, Ei und die warme Milch-Fett-Mischung hinzufügen. Die Zutaten mit einem Mixer (Knethaken) kurz auf niedrigster, dann auf höchster Stufe in etwa 5 Minuten zu einem glatten Teig verarbeiten. Den Teig zugedeckt so lange an einem warmen Ort gehen lassen, bis er sich sichtbar vergrößert hat.

3 Den Backofen vorheizen.
Ober-/Unterhitze: etwa 200 °C
Heißluft: etwa 180 °C

4 Den Teig auf der leicht bemehlten Arbeitsfläche nochmals kurz durchkneten, dann zu einer Rolle formen und in 12 gleich große Stücke schneiden.

5 Die Stücke zu Bällchen formen und nicht zu dicht nebeneinander in eine Auflaufform (gefettet) setzen.

6 Zum Bestreichen die Butter zerlassen. Die Teigbällchen damit bestreichen und nochmals an einem warmen Ort so lange gehen lassen, bis sie sich sichtbar vergrößert haben. Die Auflaufform auf dem Rost in den vorgeheizten Backofen (Mitte) schieben. Die Buchteln etwa 25 Minuten backen.

7 Die Buchteln nach Belieben mit Puderzucker bestäuben und warm servieren.

Tipp: Dazu Kompott und warme Vanillesauce servieren.

Variante: Für **Buchteln mit Pflaumenmusfüllung** die Teigbällchen flach drücken, je 1 Teelöffel Pflaumenmus daraufgeben, mit dem Teig umschließen und wieder zu einer Kugel formen.

Die Erntezeit für Rhabarber endet traditionell am Johannistag, dem 24. Juni.

Rhabarber-Ofenschlupfer Mit Alkohol

Haben Sie gewusst, was man alles aus einem Hefezopf machen kann?

4 Portionen
300 g Hefezopf oder Brioche

250 g Rhabarber
120 g Zucker
50 g Rosinen oder Korinthen
5 cl Rum
50 g gehobelte Mandeln
1 Vanilleschote

4 Eier (Größe M)
200 g Schlagsahne
300 ml Milch
½ gestr. TL gem. Zimt
1 Prise Salz

einige Semmelbrösel zum Ausstreuen der Form

Zubereitungszeit: 20 Minuten, ohne Trockenzeit
Backzeit: etwa 20 Minuten

1 Hefezopf oder Brioche in etwa 1 cm große Würfel schneiden und über Nacht (z. B. auf einem Backblech ausgebreitet) trocknen lassen.

2 Rhabarber putzen, abziehen, abspülen, abtropfen lassen und in kleine Stücke schneiden. Rhabarberstücke mit Zucker in einer Schüssel vermengen.

3 Die Rosinen oder Korinthen mit dem Rum in einen Topf geben und kurz aufkochen lassen. Den Topf von der Kochstelle nehmen.

4 Gehobelte Mandeln in einer Pfanne ohne Fett unter Wenden goldbraun rösten und auf einen Teller geben.

5 Die Vanilleschote der Länge nach aufschneiden und das Mark herausschaben.

6 Den Backofen vorheizen.
Ober-/Unterhitze: etwa 200 °C
Heißluft: etwa 180 °C
Dabei eine Fettpfanne, etwa 1 cm hoch mit Wasser gefüllt, mit einschieben (unteres Drittel).

7 Eier mit Sahne und Milch verschlagen. Das Vanillemark unterrühren. Die Eiersahne mit Zimt und Salz würzen.

8 Die Hefezopf- oder Briochewürfel, Rhabarberstücke und Rumrosinen oder -korinthen vermischen und in eine Auflaufform (etwa 25 x 30 cm, gefettet, mit Semmelbröseln ausgestreut) füllen. Die Eiersahne gleichmäßig über die vorbereitete Masse gießen. Die gehobelten Mandeln auf den Ofenschlupfer streuen.

9 Die Auflaufform in das erwärmte Wasser der Fettpfanne stellen und in den vorgeheizten Backofen schieben. Den Ofenschlupfer etwa 20 Minuten backen.

Tipps: Servieren Sie zum Ofenschlupfer eine Vanillesauce. Außerhalb der Rhabarberzeit können Sie auch frische Beeren oder frisches Steinobst verwenden.

Kirschmichel

Lebt denn der gute Kirschmichel noch?
Ja, er lebt noch – und schmeckt!

4 Portionen
2 Brötchen (Milchbrötchen oder Croissants) vom Vortag
125 ml Milch
370 g abgetropfte Sauerkirschen (aus dem Glas)
125 g Zucker
3 Eigelb (Größe M)
2 EL Butter
1 Pck. Dr. Oetker Vanillin-Zucker
Schale von ½ Bio-Zitrone (unbehandelt, ungewachst) oder ⅓ Pck. Dr. Oetker Finesse Geriebene Zitronenschale
3 Eiweiß (Größe M)
1 Prise Salz
50 g gehobelte Mandeln
etwas Puderzucker oder Zucker

Zubereitungszeit: 15 Minuten
Backzeit: etwa 40 Minuten

Nicht nur in Japan, auch in Deutschland feiert man das Kirschblütenfest.

1 Die Brötchen in dünne Scheiben schneiden, in eine Schüssel legen und mit der Milch übergießen. Die Kirschen mit der Hälfte des Zuckers mischen.

2 Den Backofen vorheizen.
Ober-/Unterhitze: etwa 200 °C
Heißluft: etwa 180 °C

3 Eigelb mit 1 Esslöffel Butter, restlichem Zucker und Vanillin-Zucker schaumig schlagen. Die eingeweichten Brötchenscheiben mit der Milch und der Zitronenschale unterrühren, bis die eingeweichten Brötchenscheiben zerfallen sind.

4 Eiweiß mit Salz steif schlagen und vorsichtig mit den Kirschen unter die Brötchen-Eier-Masse heben. Die Masse in eine Auflaufform (gefettet) geben. Die restliche Butter in kleinen Stücken darauf verteilen und mit Mandeln bestreuen.

5 Die Form auf dem Rost in den vorgeheizten Backofen schieben. Den Kirschmichel etwa 40 Minuten backen.

6 Den Kirschmichel noch warm mit Puderzucker bestäuben oder mit Zucker bestreuen und sofort servieren.

Tipp: Besonders lecker schmeckt der Kirschmichel mit leicht angeschlagener Schlagsahne.

Bratäpfel Mit Alkohol

Viel besser kann man warme Vanillesauce gar nicht ergänzen.

Bratäpfel schmecken am besten, wenn es so richtig winterlich kalt ist.

8 Portionen

1 EL Rosinen
etwa 100 ml Rum
8 Äpfel, z. B. Holsteiner Cox oder Boskop
20 g Butter (zimmerwarm)
20 g Zucker
1 Pck. Dr. Oetker Vanillin-Zucker
2 EL abgezogene, gem. Mandeln
2 EL gestiftelte Mandeln

Zubereitungszeit: 20 Minuten, ohne Einweichzeit
Garzeit: etwa 40 Minuten

1 Die Rosinen in 2 Esslöffeln von dem Rum zugedeckt über Nacht einweichen.

2 Den Backofen vorheizen.
Ober-/Unterhitze: etwa 200 °C
Heißluft: etwa 180 °C

3 Äpfel entstielen, heiß abwaschen und abtrocknen. Von der Blütenseite her mit einem Apfelausstecher das Kerngehäuse ausstechen, aber nicht ganz durchstechen. Die Äpfel in eine Auflaufform (gefettet) setzen.

4 Butter mit Zucker, Vanillin-Zucker, gemahlenen Mandeln und eingeweichten Rosinen mit einem Löffel verrühren und in die Äpfel füllen. Mandelstifte darauf verteilen und leicht andrücken. Restlichen Rum zu den Äpfeln in die Form gießen.

5 Die Auflaufform auf dem Rost in den vorgeheizten Backofen (unteres Drittel) schieben und die Bratäpfel etwa 40 Minuten garen.

6 Die Äpfel nach dem Garen aus dem Backofen nehmen und heiß servieren.

Tipps: Die Bratäpfel mit Puderzucker bestäubt servieren. Dazu schmecken Vanillesauce oder halbsteif geschlagene Schlagsahne.
Bratäpfel schmecken als Dessert oder zum Tee.

Variante: Für **Bratäpfel ohne Alkohol** die Rosinen in 2 Esslöffeln Orangen- oder Apfelsaft einweichen, abtropfen lassen und wie im Rezept beschrieben verwenden. Anstelle des Rums Orangen- oder Apfelsaft in die Auflaufform gießen.

Salzburger Nockerln

Als „luftiges Schaumgebirge zart wie ein Kuss" schon in Operetten gepriesen.

3–4 Portionen
4 Eigelb (Größe M)
2 EL Weizenmehl
1 Msp. Speisestärke
1 Prise Salz
3 Tropfen Butter-Vanille-Aroma
4 Eiweiß (Größe M)
2 EL feiner Zucker
2 EL Puderzucker

Zubereitungszeit: 20 Minuten
Backzeit: etwa 10 Minuten

Blick auf die Festung der „Mozartstadt" Salzburg.

1 Den Backofen vorheizen.
Ober-/Unterhitze: etwa 200 °C
Heißluft: etwa 180 °C

2 Eigelb mit Mehl, Speisestärke, Salz und Aroma verrühren. Eiweiß mit einem Mixer (Rührstäbe) auf höchster Stufe nur so steif schlagen, dass der Schnee noch cremig ist. Nach und nach den feinen Zucker unterschlagen.

3 Einen Esslöffel Eischnee mit der Eigelbmasse verrühren, dann die Eigelbmasse unter den Schnee ziehen.

4 Die Masse in 3 Hügeln in eine flache Auflaufform (gefettet) geben. Die Form auf dem Rost in den vorgeheizten Backofen (Mitte) schieben. Die Nockerln etwa 10 Minuten backen, die Spitzen sollten leicht gebräunt sein.

5 Die Salzburger Nockerln mit Puderzucker bestäuben und sofort servieren.

Beilage: Dazu schmeckt eine selbst gemachte **Himbeersauce:** 300 g Himbeeren mit 30–50 g Zucker und etwas Zitronensaft pürieren und evtl. durch ein Sieb streichen.

Tipp: Die Salzburger Nockerln fallen schnell zusammen, da sie nur außen gebräunt sind, innen aber noch feucht und weich sein sollen.

Hinweis: Nur ganz frische Eier verwenden, die nicht älter als 5 Tage sind (Legedatum beachten!).

Hefeklöße

Hefeklöße

Erst gehen lassen,
dann schmecken lassen.

8 Stück
125 ml Milch
50 g Butter oder Margarine
300 g Weizenmehl
1 Pck. Dr. Oetker Trockenbackhefe
50 g Zucker
1 Pck. Dr. Oetker Vanillin-Zucker
1 gestr. TL Salz
1 Ei (Größe M)

Zubereitungszeit: 20 Minuten, ohne Teiggehzeit
Garzeit: 20–25 Minuten

1 Milch in einem Topf erwärmen und Butter oder Margarine darin zerlassen. Mehl in eine Rührschüssel geben und mit Trockenbackhefe sorgfältig vermischen. Zucker, Vanillin-Zucker, Salz, Ei und die Milch-Fett-Mischung hinzufügen. Die Zutaten mit einem Mixer (Knethaken) zunächst kurz auf niedrigster, dann auf höchster Stufe in etwa 5 Minuten zu einem glatten Teig verarbeiten. Den Teig zugedeckt so lange an einem warmen Ort gehen lassen, bis er sich sichtbar vergrößert hat, etwa 40 Minuten.

2 Den Teig auf der leicht bemehlten Arbeitsfläche nochmals kurz durchkneten, dann zu einer Rolle formen. Die Teigrolle in 8 gleich große Stücke schneiden. Die Teigstücke mit bemehlten Händen zu Klößen formen und auf ein bemehltes Brett legen. Die Klöße nochmals zugedeckt so lange an einem warmen Ort gehen lassen, bis sie sich sichtbar vergrößert haben, etwa 15 Minuten.

3 Ein Tuch straff über einen breiten Topf mit kochendem Wasser spannen. Das Tuch mit einem Band (Paketband) festbinden und mit Mehl bestreuen. Die Klöße darauflegen und eine hitzebeständige Schüssel als Deckel daraufsetzen. Achtung: Die Schüssel kann sehr heiß werden! Die Klöße bei mittlerer Hitze 20–25 Minuten garen (zur Garprobe mit einem Holzstäbchen in die Klöße stechen, es darf kein Teig mehr daran kleben).

Tipp: Die Hefeklöße mit zerlassener, gebräunter Butter, Zimtzucker und/oder Kompott servieren.

Burgberg, Dom und Albrechtsburg in Meißen vom Elbufer aus gesehen.

4 Portionen
500 g mehligkochende Kartoffeln
Salz
375 g Magerquark
150 g Weizenmehl
50 g Zucker
1 Pck. Dr. Oetker Vanillin-Zucker
2 Eier (Größe M)
abgeriebene Schale von ½ Bio-Zitrone (unbehandelt, ungewachst)
abgeriebene Schale von ½ Bio-Orange (unbehandelt, ungewachst)
1 Msp. gem. Zimt
50 g Rum-Rosinen

etwas Weizenmehl

Für das Erdbeer-Rhabarber-Kompott:
250 g Erdbeeren
500 g Rhabarber
250 ml Wasser
3–4 EL Zucker
1 Pck. Dr. Oetker Pudding-Pulver Vanille-Geschmack

3–4 EL Butterschmalz oder Speiseöl, z. B. Sonnenblumenöl
1 EL Puderzucker

Zubereitungszeit: 35 Minuten, ohne Abkühl- und Ruhezeit
Garzeit (Pellkartoffeln): etwa 20 Minuten

1 Die Kartoffeln unter fließendem Wasser abbürsten, knapp mit Wasser bedeckt, zugedeckt zum Kochen bringen und in etwa 20 Minuten gar kochen. Kartoffeln abgießen, mit kaltem Wasser abschrecken, abtropfen lassen. Kartoffeln noch warm pellen, sofort durch eine Kartoffelpresse geben oder mit einem Kartoffelstampfer zerdrücken. Die Kartoffelmasse abkühlen lassen.

2 Die Kartoffelmasse mit Quark, Mehl, Zucker, Vanillin-Zucker, Eiern, Zitronen- und Orangenschale, Zimt und 1 Prise Salz mit einem Mixer (Rührstäbe) zu einem glatten Teig verarbeiten. Zuletzt die Rum-Rosinen vorsichtig unterrühren.

3 Den Teig auf einer leicht bemehlten Arbeitsfläche zu einer 6–8 cm langen Rolle formen. Die Teigrolle in 1 ½–2 cm dicke Scheiben schneiden. Die Teigscheiben in etwas Mehl wenden, überschüssiges Mehl abklopfen.

4 Für das Kompott Erdbeeren abspülen, abtropfen lassen, entstielen und halbieren. Den Rhabarber putzen, abspülen, abtropfen lassen und in fingerdicke Stücke schneiden.

5 Erdbeerhälften und Rhabarberstücke in einem Topf vermischen. Wasser hinzugießen, zum Kochen bringen und etwa 4 Minuten bei schwacher Hitze kochen lassen. Zucker unterrühren und abschmecken. Pudding-Pulver mit 4 Esslöffeln Wasser anrühren, unter das Kompott rühren und unter Rühren kurz aufkochen lassen. Das Kompott in eine Schüssel füllen und erkalten lassen.

6 Jeweils etwas Butterschmalz oder Speiseöl in einer großen Pfanne erhitzen. Die Teigscheiben portionsweise bei mittlerer Hitze von beiden Seiten goldbraun backen.

7 Die Keulchen auf einer vorgewärmten Platte anrichten und mit Puderzucker bestäuben. Das Erdbeer-Rhabarber-Kompott dazureichen.

Tipp: Zu den Quarkkeulchen passt auch prima ein Obstsalat: Verrühren Sie Zitronensaft mit Honig und schneiden Sie Obst, z. B. Apfel, Birne, Banane, Melone, Orange – was Sie gerade im Hause haben, in die Marinade.

Quarkkeulchen mit Kompott

Quarkkeulchen mit Kompott Mit Alkohol

Sächsische Leckerei. So ist Kartoffelpüree überhaupt nicht langweilig.

Kaiserschmarren

Danke, Majestät! Legendäre österreichische Süßspeise aus der Zeit Franz Joseph I.

2 Portionen
4 Eiweiß (Größe M)
4 Eigelb (Größe M)
100 g Weizenmehl
1 Prise Salz
1 Pck. Dr. Oetker Vanillin-Zucker
200 g Schlagsahne oder 200 ml Milch
50 g Rosinen
etwa 50 g Butterschmalz oder 4 EL Speiseöl, z. B. Sonnenblumenöl

etwas Puderzucker zum Bestäuben

Zubereitungszeit: etwa 30 Minuten

Der Habsburger Franz Joseph I. war von 1848 bis 1916 Kaiser von Österreich.

1 Das Eiweiß steif schlagen. Eigelb, Mehl, Salz, Vanillin-Zucker, Sahne oder Milch in eine Rührschüssel geben. Die Zutaten mit einem Mixer (Rührstäbe) zu einem glatten Teig verrühren. Eischnee und Rosinen unterheben.

2 Etwas Butterschmalz oder Öl in einer Pfanne (Ø 28 cm) erhitzen. Die Hälfte des Teiges hineingeben und bei mittlerer Hitze auf der Unterseite hellgelb backen. Den an der Oberfläche noch etwas „flüssigen" Teig mit 2 Pfannenwendern erst vierteln, dann wenden und goldgelb backen, evtl. noch etwas Fett in die Pfanne geben.

3 Dann den Schmarren mit 2 Pfannenwendern in kleine Stücke reißen, auf einem Teller anrichten und warm stellen. Den restlichen Teig auf die gleiche Weise zubereiten. Den Kaiserschmarren mit Puderzucker bestäubt servieren.

Tipp: Den Kaiserschmarren als süßes Hauptgericht für 2 oder als Dessert für 4 Personen servieren. Dazu schmeckt Pflaumen- oder Aprikosenkompott.

Abwandlung: Sie können die Rosinen vor der Verwendung in 1–2 Esslöffeln erwärmten braunen Rum geben und etwa 30 Minuten durchziehen lassen. Die Rosinen (mit dem Rum) wie im Rezept angegeben unter den Teig geben.

Varianten: Für **Kaiserschmarren mit Nuss-Nougat** statt der Rosinen 100 g Nuss-Nougat würfeln und zusammen mit 50 g gehackten Mandeln unter den Teig heben. Den Kaiserschmarren wie im Rezept beschrieben zubereiten. Für **Kaiserschmarren mit Apfel und Sauerkirschen** nur 150 g Sahne oder Milch verwenden und statt der Rosinen 1 geriebenen Apfel und 75 g getrocknete Sauerkirschen unter den Teig heben und den Kaiserschmarren wie im Rezept beschrieben zubereiten.

Grießpudding

Süße Sache. Vorsichtig stürzen, aber nichts überstürzen.

4 Portionen
½ Vanilleschote
500 ml Milch
75 g Zucker
abgeriebene Schale von ½ Bio-Zitrone (unbehandelt, ungewachst)
abgeriebene Schale von ½ Bio-Orange (unbehandelt, ungewachst)
50 g Weichweizengrieß
1 Eigelb (Größe M)
1 Eiweiß (Größe M)

Zubereitungszeit: 20 Minuten, ohne Kühlzeit

Historischer Leineweber-brunnen in der „Puddingtown" Bielefeld.

1 Vanilleschote mit einem Messer längs aufschneiden und das Mark mit dem Messerrücken herausschaben. Milch mit Zucker, Zitronen- und Orangenschale, Vanilleschote und -mark in einem Topf zum Kochen bringen. Grieß unter Rühren einstreuen, wieder zum Kochen bringen und etwa 1 Minute unter Rühren kochen lassen.

2 Den Topf von der Kochstelle nehmen und die Vanilleschote entfernen. Das Eigelb zügig unterrühren. Eiweiß steif schlagen und unter den heißen Pudding rühren.

3 Den Grießpudding in eine mit kaltem Wasser ausgespülte Puddingform, Schale oder in Portionsförmchen füllen. Den Grießpudding abkühlen lassen und zugedeckt etwa 3 Stunden in den Kühlschrank stellen.

4 Vor dem Servieren den Pudding mit einem Messer vorsichtig vom Rand lösen und auf Teller stürzen.

Tipps: Den Grießpudding mit Rhabarberkompott, frischem Obst und Schlagsahne oder Aprikosenhälften servieren.
Da die Grießmasse beim Kochen spritzen kann, eignet sich ein Löffel oder Schneebesen mit langem Stiel besonders gut zum Umrühren.

Varianten: Für einen **Grieß-Quark-Pudding** nach dem Eischnee zusätzlich 125 g Speisequark (20 % Fett i. Tr.) unter den lauwarmen Pudding rühren (evtl. etwas nachsüßen).
Für einen **Grießpudding mit Zimt** anstelle der Vanilleschote 1 Stange Zimt verwenden.

Hinweis: Nur ganz frische Eier verwenden, die nicht älter als 5 Tage sind (Legedatum beachten!). Die fertige Speise im Kühlschrank aufbewahren und innerhalb von 24 Stunden verzehren.

Milchreis

Nichts passt besser zu Zucker und Zimt. Schmeckt warm oder kalt.

6 Portionen (als Dessert)
1 l Milch
1 Prise Salz
20 g Zucker
1 Pck. Dr. Oetker Vanillin-Zucker
175 g Milchreis (Rundkornreis)
2 EL Zucker
½ gestr. TL gem. Zimt

Zubereitungszeit: 15 Minuten
Garzeit: etwa 35 Minuten

1 Die Milch mit Salz, Zucker und Vanillin-Zucker in einem Topf unter gelegentlichem Rühren zum Kochen bringen.

2 Milchreis unterrühren, unter Rühren zum Kochen bringen und mit halb aufgelegtem Deckel bei schwacher Hitze etwa 35 Minuten ausquellen lassen. Dabei gelegentlich umrühren, damit der Reis nicht anbrennt.

3 Den fertigen Milchreis noch warm mit Zucker und Zimt bestreuen und servieren oder erkalten lassen und dann mit Zucker und Zimt bestreut servieren.

Tipps: Nach Belieben kann auch noch ein kleines Stück dünn abgeschälte Zitronenschale (von einer heiß abgewaschenen und unbehandelten, ungewachsten Bio-Zitrone) mit dem Reis gegart werden.
Als Hauptgericht reicht der Milchreis für 3–4 Portionen.

Das war das Lieblingsdessert von Kurfürst Ernst August. Heute trifft man sich in Hannover an seinem Standbild „unterm Schwanz".

Welfenspeise Mit Alkohol

Lernen Sie Niedersachsen doch mal von seiner süßen Seite kennen.

4 Portionen

Für die Creme:
2 Eiweiß (Größe M)
35 g Speisestärke
40 g Zucker
1 Pck. Dr. Oetker Vanillin-Zucker
500 ml Milch

Für den Weinschaum:
3 Eigelb (Größe M)
80 g Zucker
10 g Speisestärke
250 ml Weißwein

Zubereitungszeit: 30 Minuten, ohne Kühlzeit

1 Für die Creme Eiweiß mit einem Mixer (Rührstäbe) auf höchster Stufe steif schlagen. Der Schnee muss so fest sein, dass ein Messerschnitt sichtbar bleibt. Speisestärke mit Zucker und Vanillin-Zucker mischen. Das Stärke-Zucker-Gemisch mit 6 Esslöffeln von der Milch anrühren.

2 Die restliche Milch in einem Topf zum Kochen bringen. Den Topf von der Kochstelle nehmen. Die angerührte Speisestärke mit einem Schneebesen unter Rühren hineingeben und kurz aufkochen lassen.

3 Den Eischnee unter die kochend heiße Speise rühren, nochmals kurz aufkochen. Die Speise in eine Glasschale oder Dessertgläser füllen (Schale oder Gläser nur zur Hälfte füllen!) und zugedeckt in den Kühlschrank stellen.

4 Für den Weinschaum Eigelb mit Zucker, Speisestärke und Weißwein in einen Edelstahltopf oder eine Edelstahlschüssel geben. Die Zutaten mit dem Mixer (Rührstäbe) auf niedrigster Stufe im heißen Wasserbad so lange schlagen, bis die Masse durch und durch schaumig ist (das Volumen muss sich etwa verdoppeln, dabei Wasser und Weinschaum nicht kochen lassen, da die Masse sonst gerinnt). Den Topf oder die Schüssel aus dem Wasserbad nehmen, die Masse am Rand lösen und nochmals kurz verrühren. Weinschaum erkalten lassen und auf die Creme geben.

Tipps: Die Welfenspeise mit Waldmeister- oder Zitronenmelisseblättchen garniert servieren.
Ohne Alkohol bereiten Sie statt des Weinschaums einen Apfel-Zitronen-Schaum zu. Dafür den Weißwein durch 250 ml Apfelsaft und 3 Esslöffel Zitronensaft ersetzen.

Hinweis: Nur ganz frische Eier verwenden, die nicht älter als 5 Tage sind (Legedatum beachten!). Die Welfenspeise im Kühlschrank aufbewahren und innerhalb von 24 Stunden verzehren.

Rote Grütze

Beerenstark! Sehr nordisch, sehr fruchtig, sehr lecker.

6 Portionen
je 250 g Brombeeren, Johannisbeeren, Himbeeren, Erdbeeren (alle Früchte vorbereitet gewogen)
35 g Speisestärke
100 g Zucker
500 ml Fruchtsaft, z. B. Sauerkirsch- oder Johannisbeersaft

Zubereitungszeit: 20 Minuten, ohne Kühlzeit

Der Leuchtturm Westerheversand auf der Halbinsel Eiderstedt in Nordfriesland.

1 Brombeeren verlesen, evtl. vorsichtig abspülen und gut abtropfen lassen. Johannisbeeren abspülen, gut abtropfen lassen und die Beeren von den Rispen streifen. Himbeeren verlesen, nach Möglichkeit nicht abspülen. Erdbeeren abspülen, abtropfen lassen, entstielen und je nach Größe der Früchte halbieren oder vierteln.

2 Speisestärke mit Zucker mischen, dann mit 4 Esslöffeln von dem Saft anrühren. Den restlichen Saft in einem Topf zum Kochen bringen. Die angerührte Speisestärke unterrühren. Den Saft aufkochen lassen, dann den Topf von der Kochstelle nehmen. Die Beeren unterrühren.

3 Die Rote Grütze in eine Glasschale oder in Dessertschälchen füllen und zugedeckt in den Kühlschrank stellen.

Tipp: Die Rote Grütze als Dessert mit Vanillesauce oder Sahne oder als süße Mahlzeit für 4 Portionen mit Milch servieren.

Beilage: Für eine **Vanillesauce** 1 Vanilleschote mit einem Messer der Länge nach aufschneiden und das Mark mit dem Messerrücken herausschaben. 25 g Speisestärke mit 50 g Zucker mischen. Von 500 ml Milch 3 Esslöffel abnehmen und mit der Stärke-Zucker-Mischung anrühren. Die restliche Milch mit dem Vanillemark in einem kalt ausgespülten Topf zum Kochen bringen. Den Topf von der Kochstelle nehmen und die angerührte Speisestärke mit einem Schneebesen einrühren. Sauce unter Rühren kurz aufkochen lassen. Die Sauce heiß servieren oder unter gelegentlichem Rühren erkalten lassen.

Feiner Gugelhupf

Es gibt Formen, die kann man einfach nicht verbessern.

16 Stücke

Für den Hefeteig:
200 g Schlagsahne
100 g Butter oder Margarine
400 g Weizenmehl
1 Pck. Dr. Oetker Trockenbackhefe
125 g Zucker
1 Pck. Dr. Oetker Vanillin-Zucker
6 Tropfen Zitronen-Aroma
1 Prise Salz
3 Eier (Größe M)
150 g Rosinen
100 g Korinthen
100 g gehackte Mandeln

Außerdem:
etwas Puderzucker

Zubereitungszeit: 35 Minuten, ohne Teiggehzeit
Backzeit: etwa 50 Minuten

Für jeden Kuchen die richtige Form.

1 Für den Teig Sahne in einem kleinen Topf erwärmen. Die Butter oder Margarine darin zerlassen.

2 Mehl in eine Rührschüssel geben und mit Trockenbackhefe sorgfältig vermischen. Zucker, Vanillin-Zucker, Aroma, Salz, Eier und die warme Sahne-Fett-Mischung hinzufügen. Die Zutaten mit einem Mixer (Knethaken) zunächst kurz auf niedrigster, dann auf höchster Stufe in etwa 5 Minuten zu einem glatten Teig verarbeiten.

3 Rosinen, Korinthen und Mandeln kurz unterarbeiten. Den Teig zugedeckt so lange an einem warmen Ort gehen lassen, bis er sich sichtbar vergrößert hat.

4 Den Backofen vorheizen.
Ober-/Unterhitze: etwa 180 °C
Heißluft: etwa 160 °C

5 Den Teig mit dem Mixer (Knethaken) auf höchster Stufe kurz durchkneten, in eine Gugelhupfform (Ø 22 cm, gefettet) füllen und nochmals so lange an einem warmen Ort gehen lassen, bis er sich sichtbar vergrößert hat.

6 Die Form auf dem Rost in den vorgeheizten Backofen (unteres Drittel) schieben. Den Gugelhupf etwa 50 Minuten backen.

7 Die Form auf einen Kuchenrost stellen. Den Gugelhupf etwas abkühlen lassen. Dann auf den mit Backpapier belegten Kuchenrost stürzen und erkalten lassen. Den Gugelhupf mit Puderzucker bestäuben.

Tipp: Statt mit Mandeln, Rosinen und Korinthen können Sie den Gugelhupf mit 100 g fein gewürfelten bunten Belegkirschen, 200 g getrockneten, gewürfelten Aprikosen und 50 g gehackten Pistazienkernen zubereiten.

Sachertorte

Berühmte Kreation aus Konfitürenschicht, Schokoglasur und Wiener Charme.

Rundfahrten mit dem Fiaker sind die schönste Art, die Wiener Altstadt zu entdecken.

12 Stücke

Für den Rührteig:
150 g Zartbitter-Schokolade (etwa 50 % Kakaoanteil)
6 Eiweiß (Größe M)
160 g Butter oder Margarine (zimmerwarm)
160 g Zucker
1 Pck. Dr. Oetker Vanillin-Zucker
6 Eigelb (Größe M)
100 g Semmelbrösel

Für die Füllung:
125 g Aprikosenkonfitüre

Für den Guss:
60 g Zucker
7 EL Wasser
250 g Zartbitter-Schokolade (etwa 50 % Kakaoanteil)

Zubereitungszeit: 45 Minuten, ohne Kühlzeit
Backzeit: etwa 50 Minuten

1 Für den Teig Schokolade in kleine Stücke brechen. Zwei Drittel davon in einem Topf im Wasserbad bei schwacher Hitze unter Rühren schmelzen. Den Topf aus dem Wasserbad nehmen und die restliche Schokolade darin unter Rühren schmelzen.

2 Den Backofen vorheizen.
Ober-/Unterhitze: etwa 180 °C
Heißluft: etwa 160 °C

3 Eiweiß steif schlagen. Butter oder Margarine mit einem Mixer (Rührstäbe) auf höchster Stufe geschmeidig rühren. Nach und nach Zucker und Vanillin-Zucker unterrühren. So lange rühren, bis eine gebundene Masse entstanden ist.

4 Eigelb nach und nach unterrühren. Geschmolzene Schokolade und Semmelbrösel auf mittlerer Stufe unterrühren. Eischnee vorsichtig unterheben. Den Teig in eine Springform (Ø 26 cm, Boden gefettet, mit Backpapier belegt) geben und glatt streichen. Die Form auf dem Rost in den vorgeheizten Backofen (unteres Drittel) schieben. Den Tortenboden etwa 50 Minuten backen.

5 Den Tortenboden aus der Form lösen und auf einen mit Backpapier belegten Kuchenrost stürzen. Den Boden erkalten lassen. Anschließend mitgebackenes Backpapier vorsichtig abziehen und den erkalteten Boden einmal waagerecht durchschneiden. Den unteren Boden auf eine Tortengarnierscheibe legen.

6 Für die Füllung den unteren Boden mit Konfitüre bestreichen und den oberen Boden darauflegen.

7 Für den Guss Zucker mit Wasser in einem Topf so lange kochen, bis sich der Zucker gelöst hat. Topf von der Kochstelle nehmen. 200 g Schokolade in Stücke brechen, nach und nach einrühren, so lange rühren, bis die Schokolade geschmolzen ist und der Guss glänzt.

8 Den Guss mittig auf die Torte gießen und durch „Bewegen“ (leicht schräg halten) der Torte auf der Oberfläche und am Rand gleichmäßig verlaufen lassen, evtl. den Guss am Rand mit einem Messer verstreichen. Um eine gleichmäßige Oberfläche zu erhalten, die Torte auf der Platte „aufklopfen“ (dazu die Tortengarnierscheibe 1–2-mal etwas anheben und wieder „fallen“ lassen).

9 Die Sachertorte mit einem langen Messer von der Tortengarnierscheibe lösen, durch eine leichte Schrägstellung der Tortengarnierscheibe und Führung der Torte durch das Messer auf eine Tortenplatte gleiten lassen. Den Guss fest werden lassen.

10 Zum Verzieren die restliche Schokolade im Wasserbad unter Rühren schmelzen. Die Sachertorte in 12 Stücke einteilen. Den Guss in ein Papierspritztütchen oder einen kleinen Gefrierbeutel füllen, eine kleine Ecke abschneiden und auf jedes Tortenstück „Sacher“ schreiben. Die Torte bis zum Servieren zugedeckt kalt stellen.

Schwarzwälder Kirschtorte Mit Alkohol

Exportschlager wie die Kuckucksuhr und die Schwarzwaldklinik.

12 Stücke

Für den Biskuitteig:
3 Eier (Größe M)
100 g Zucker
1 Pck. Dr. Oetker Vanillin-Zucker
80 g Weizenmehl
1 gestr. TL Dr. Oetker Backin
25 g Speisestärke
10 g gesiebtes Kakaopulver
gut 1 Msp. gem. Zimt

Für den Knetteig:
125 g Weizenmehl
10 g gesiebtes Kakaopulver
1 Msp. Dr. Oetker Backin
50 g Zucker
1 Pck. Dr. Oetker Vanillin-Zucker
1 Ei (Größe M)
50 g Butter oder Margarine (zimmerwarm)

Für die Füllung:
350 g abgetropfte Sauerkirschen (aus dem Glas)
250 ml Sauerkirschsaft (aus dem Glas)
30 g Speisestärke
etwa 25 g Zucker
etwa 3 EL Kirschwasser

1 Pck. gem. Gelatine, weiß
800 g kalte Schlagsahne (mind. 30 % Fett)
40 g Puderzucker
1 Pck. Dr. Oetker Vanillin-Zucker

Zum Garnieren:
geschabte Schokoladenlocken oder
geraspelte Schokolade

Zubereitungszeit: 75 Minuten, ohne Kühlzeit
Backzeit: etwa 40 Minuten

1 Den Backofen vorheizen.
Ober-/Unterhitze: etwa 180 °C
Heißluft: etwa 160 °C

2 Für den Biskuitteig die Eier mit einem Mixer (Rührstäbe) auf höchster Stufe in 1 Minute schaumig schlagen. Zucker mit Vanillin-Zucker mischen, in 1 Minute einstreuen, dann noch etwa 2 Minuten schlagen.

3 Mehl mit Backpulver, Speisestärke, Kakao und Zimt mischen und kurz auf niedrigster Stufe unterrühren. Den Teig in eine Springform (Ø 26 cm, Boden gefettet, mit Backpapier belegt) geben und glatt streichen. Die Form auf dem Rost in den vorgeheizten Backofen (unteres Drittel) schieben. Den Biskuitboden etwa 25 Minuten backen.

4 Den Biskuitboden vorsichtig aus der Form lösen, auf einen mit Backpapier belegten Kuchenrost stürzen und erkalten lassen.

5 Für den Knetteig Mehl mit Kakao und Backpulver in einer Rührschüssel mischen. Restliche Zutaten hinzufügen und mit dem Mixer (Knethaken) zunächst kurz auf niedrigster, dann auf höchster Stufe gut durcharbeiten. Anschließend den Teig mit den Händen zu einer Kugel formen. Den Teig auf einem Springformboden (Ø 26 cm, gefettet) ausrollen, mehrmals mit einer Gabel einstechen und anschließend den Springformrand darumstellen.

6 Die Form auf dem Rost in den vorgeheizten Backofen (unteres Drittel) schieben. Den Knetteigboden bei gleicher Backofentemperatur etwa 15 Minuten backen.

7 Die Form auf einen Kuchenrost stellen. Den Knetteigboden sofort vom Springformboden lösen, aber darauf erkalten lassen. Von dem Biskuitboden das mitgebackene Backpapier vorsichtig abziehen. Den Biskuitboden einmal waagerecht durchschneiden.

8 Für die Füllung von den Kirschen den Saft auffangen und 250 ml davon abmessen. 12 Kirschen zum Garnieren auf Küchenpapier beiseitelegen.

9 Speisestärke mit Zucker und 4 Esslöffeln von dem Saft anrühren. Den restlichen Saft in einem Topf zum Kochen bringen. Die angerührte Speisestärke in den von der Kochstelle genommenen Saft rühren, kurz aufkochen lassen. Die Kirschen unterrühren und kalt stellen. Die Kirschmasse mit Kirschwasser abschmecken.

10 Gelatine nach Packungsanleitung in einem kleinen Topf anrühren und quellen lassen. Gequollene Gelatine im Topf unter Rühren bei schwacher Hitze auflösen. Die Sahne fast steif schlagen. Die aufgelöste Gelatine zuerst mit etwa 2 Esslöffeln von der Sahne verrühren, dann unter die restliche Sahne rühren. Die Sahne steif schlagen. Puderzucker mit Vanillin-Zucker mischen und unterrühren.

11 Den Knetteigboden auf eine Tortenplatte legen. Kirschmasse daraufstreichen, dabei 1 cm am Rand frei lassen. Ein Drittel der Sahnecreme daraufstreichen. Unteren Biskuitboden darauflegen, leicht andrücken und mit der Hälfte der restlichen Creme bestreichen. Den oberen Boden auflegen und leicht andrücken. 3 Esslöffel der Sahnecreme in einen Spritzbeutel mit Sterntülle füllen und beiseitelegen. Tortenoberfläche und -rand mit der restlichen Creme einstreichen, mit der Creme aus dem Spritzbeutel verzieren und mit Schokolade und beiseitegelegten Kirschen garnieren. Die Torte zugedeckt mindestens 2 Stunden in den Kühlschrank stellen.

Frankfurter Kranz

Das ist eindeutig eine hessische runde Sache.

16 Stücke

Für den Rührteig:
100 g Butter oder Margarine (zimmerwarm)
150 g Zucker
1 Pck. Dr. Oetker Vanillin-Zucker
4 Tropfen Zitronen-Aroma
1 Prise Salz
3 Eier (Größe M)
150 g Weizenmehl
50 g Speisestärke
2 gestr. TL Dr. Oetker Backin

Für den Krokant:
10 g Butter
60 g Zucker
125 g gehackte Mandeln

Für die Buttercreme:
1 Pck. Dr. Oetker Pudding-Pulver Vanille-Geschmack
100 g Zucker
500 ml Milch
250 g Butter (zimmerwarm)

Außerdem:
3 EL Johannisbeergelee oder Erdbeerkonfitüre
einige Belegkirschen

Zubereitungszeit: 1 Stunde, ohne Kühlzeit
Backzeit: etwa 40 Minuten

1 Den Backofen vorheizen.
Ober-/Unterhitze: etwa 180 °C
Heißluft: etwa 160 °C

2 Für den Teig Butter oder Margarine mit Mixer (Rührstäbe) auf höchster Stufe geschmeidig rühren. Nach und nach Zucker, Vanillin-Zucker, Aroma und Salz unterrühren. So lange rühren, bis eine gebundene Masse entstanden ist.

3 Die Eier nach und nach unterrühren (jedes Ei etwa ½ Minute). Mehl mit Speisestärke und Backpulver mischen und in 2 Portionen auf mittlerer Stufe kurz unterrühren. Den Teig in eine Kranzform (Ø 22 cm, gefettet) füllen und glatt streichen. Die Form auf dem Rost in den vorgeheizten Backofen (unteres Drittel) schieben. Den Kuchen etwa 40 Minuten backen.

4 Die Form auf einen Kuchenrost stellen. Den Kuchen etwas abkühlen lassen, dann auf einen mit Backpapier belegten Kuchenrost stürzen und erkalten lassen.

5 Für den Krokant Butter, Zucker und Mandeln in einer Pfanne unter Rühren so lange erhitzen, bis alles gebräunt ist, auf ein Stück Alufolie geben und erkalten lassen.

6 Für die Buttercreme einen Pudding nach Packungsanleitung, aber mit 100 g Zucker und der Milch, zubereiten. Den Pudding erkalten lassen (nicht kalt stellen), dabei gelegentlich durchrühren.

7 Die Butter mit dem Mixer (Rührstäbe) geschmeidig rühren. Den erkalteten Pudding esslöffelweise unterrühren, dabei darauf achten, dass Butter und Pudding Zimmertemperatur haben, da die Buttercreme sonst gerinnt.

8 Den Kranz zweimal waagerecht durchschneiden. Das Gelee mit einem Schneebesen glatt rühren oder die Konfitüre durch ein Sieb streichen. Den unteren Boden damit bestreichen. Die beiden unteren Böden mit insgesamt der Hälfte der Buttercreme bestreichen, alle Böden zu einem Kranz zusammensetzen.

9 Den Kranz mit der restlichen Buttercreme vollständig bestreichen (1–2 Esslöffel zurücklassen) und mit Krokant bestreuen. Die zurückgelassene Buttercreme in einen Spritzbeutel mit Sterntülle geben, den Kranz damit verzieren und mit Belegkirschen garnieren. Den Kranz zugedeckt etwa 2 Stunden in den Kühlschrank stellen.

Käse-Sahne-Torte

Für alle, die lieber Sahneschnittchen als Couchpotatoes mögen.

12 Stücke

Für den Rührteig:
150 g Butter oder Margarine (zimmerwarm)
150 g Zucker
1 Pck. Dr. Oetker Vanillin-Zucker
1 Prise Salz
3 Eier (Größe M)
150 g Weizenmehl
1 gestr. TL Dr. Oetker Backin

Für die Füllung:
8 Blatt weiße Gelatine
750 g Magerquark
150 g Zucker
1 Pck. Dr. Oetker Vanillin-Zucker
100 ml Zitronensaft
1 Pck. Dr. Oetker Finesse Geriebene Zitronenschale
400 g Schlagsahne (mind. 30 % Fett)

Zum Bestäuben:
etwas Puderzucker

Zubereitungszeit: 45 Minuten, ohne Abkühlzeit
Backzeit: 25–30 Minuten

1 Den Backofen vorheizen.
Ober-/Unterhitze: etwa 180 °C
Heißluft: etwa 160 °C

2 Für den Teig Butter oder Margarine mit einem Mixer (Rührstäbe) auf höchster Stufe geschmeidig rühren. Nach und nach Zucker, Vanillin-Zucker und Salz unterrühren. So lange rühren, bis eine gebundene Masse entstanden ist.

3 Eier nach und nach unterrühren (jedes Ei etwa ½ Minute). Mehl mit Backpulver mischen und auf mittlerer Stufe kurz unterrühren.

4 Den Teig in eine Springform (Ø 26 cm, Boden gefettet) füllen und glatt streichen. Die Form auf dem Rost in den vorgeheizten Backofen (Mitte) schieben. Den Tortenboden 25–30 Minuten backen.

5 Die Form auf einen Kuchenrost stellen. Den Tortenboden etwas abkühlen lassen, dann vorsichtig aus der Form lösen und auf dem mit Backpapier belegten Kuchenrost vollständig erkalten lassen.

6 Den Tortenboden mit einem Sägemesser einmal waagerecht durchschneiden. Den unteren Tortenboden auf eine Tortenplatte legen. Einen Tortenring oder den gesäuberten Springformrand darumstellen.

7 Für die Füllung Gelatine nach Packungsanleitung einweichen. Quark mit Zucker, Vanillin-Zucker, Zitronensaft und -schale zu einer geschmeidigen Masse verrühren. Die Sahne steif schlagen.

8 Die Gelatine leicht ausdrücken und in einem kleinen Topf bei schwacher Hitze unter Rühren auflösen. Die aufgelöste Gelatine zuerst mit etwa 4 Esslöffeln von der Quarkmasse verrühren, dann unter die restliche Quarkmasse rühren. Die Sahne kurz unterrühren. Die Quark-Sahne-Creme auf den unteren Tortenboden geben und glatt streichen.

9 Den oberen Boden in 12 Tortenstücke schneiden, diese auf die Creme legen und leicht andrücken. Die Torte zugedeckt mindestens 3 Stunden in den Kühlschrank stellen. Den Tortenring oder den Springformrand vorsichtig entfernen. Die Torte vor dem Servieren mit etwas Puderzucker bestäuben.

Mittelalterliches Stadtzentrum von Linz

Linzer Torte

Legendäre oberösterreichische „Himbeerspezialität“.

12 Stücke

Für den Knetteig:

200 g Weizenmehl
1 gestr. TL Dr. Oetker Backin
100 g Zucker
1 Pck. Dr. Oetker Vanillin-Zucker
1 Msp. gem. Nelken
1 gestr. TL gem. Zimt
1 Ei (Größe M)
1 Eiweiß (Größe M)
100 g Butter oder Margarine (zimmerwarm)
100 g nicht abgezogene, gem. Mandeln

Für den Belag:

100 g Himbeerkonfitüre

Zum Bestreichen:

1 Eigelb (Größe M)
1 TL Milch

Zubereitungszeit: 30 Minuten, ohne Kühlzeit
Backzeit: etwa 30 Minuten

1 Für den Teig Mehl mit Backpulver in einer Rührschüssel mischen. Restliche Zutaten hinzufügen und mit einem Mixer (Knethaken) zunächst kurz auf niedrigster, dann auf höchster Stufe gut durcharbeiten. Anschließend auf einer leicht bemehlten Arbeitsfläche kurz zu einem Teig verkneten. Den Teig in Frischhaltefolie gewickelt etwa 30 Minuten in den Kühlschrank legen.

2 Den Backofen vorheizen.
Ober-/Unterhitze: etwa 180 °C
Heißluft: etwa 160 °C

3 Knapp die Hälfte des Teiges zu einer runden Platte (Ø 26 cm) ausrollen. Mit einem Teigrädchen daraus 16–20 Streifen schneiden. Den restlichen Teig auf dem Boden einer Springform (Ø 26 cm, gefettet) ausrollen. Den Springformrand darumstellen.

4 Für den Belag den Teigboden mit Konfitüre bestreichen, dabei am Rand etwa 1 cm Teig frei lassen. Die Teigstreifen gitterförmig darauflegen. Eigelb mit Milch verschlagen und die Teigstreifen damit bestreichen.

5 Die Form auf dem Rost in den vorgeheizten Backofen (unteres Drittel) schieben. Die Linzer Torte etwa 30 Minuten backen.

6 Die Form auf einen Kuchenrost stellen. Den Springformrand von der gebackenen Torte lösen und entfernen. Die Linzer Torte vom Springformboden lösen, aber darauf erkalten lassen.

Variante: Für **Linzer Schnitten** verdoppeln Sie die Zutaten. Rollen Sie knapp die Hälfte des Teiges in der Größe des Backblechs aus und schneiden die Teigstreifen aus. Den restlichen Teig rollen Sie auf einem gefetteten Backblech (30 x 40 cm) aus. Bestreichen Sie die Teigplatte mit Konfitüre und legen Sie die Teigstreifen gitterförmig darauf. Den Kuchen wie im Rezept beschrieben backen und nach dem Erkalten in beliebig große Schnitten schneiden.

Friesische Streuseltorte

Und dazu frische Meeresluft und ein kräftiger Tee. Das passt!

12 Stücke

Für den Knetteig:
250 g Weizenmehl
1 Msp. Dr. Oetker Backin
2 Pck. Dr. Oetker Vanillin-Zucker
150 g Crème fraîche
175 g Butter oder Margarine (zimmerwarm)

Für die Streusel:
150 g Weizenmehl
75 g Zucker
1 Pck. Dr. Oetker Vanillin-Zucker
1 Msp. gem. Zimt
100 g Butter (zimmerwarm)

Für die Füllung:
500 g kalte Schlagsahne (mind. 30 % Fett)
25 g Zucker
2 Pck. Sahnesteif
1 Pck. Dr. Oetker Vanillin-Zucker
450 g Pflaumenmus

evtl. etwas Puderzucker zum Bestäuben

Zubereitungszeit: 50 Minuten, ohne Kühlzeit
Backzeit: etwa 15 Minuten je Boden

1 Den Backofen vorheizen.
Ober-/Unterhitze: etwa 200 °C
Heißluft: etwa 180 °C

2 Für den Teig Mehl mit Backpulver in einer Rührschüssel mischen. Restliche Zutaten hinzufügen und mit einem Mixer (Knethaken) zunächst kurz auf niedrigster, dann auf höchster Stufe gut durcharbeiten. Anschließend auf einer leicht bemehlten Arbeitsfläche kurz zu einem Teig verkneten.

3 Den Teig in 4 gleich große Portionen teilen und zu Kugeln formen. Eine Portion gleichmäßig auf dem Boden einer Springform (Ø 26 cm, gefettet) ausrollen, mehrmals mit einer Gabel einstechen und den Springformrand darumstellen. Die restlichen Teigkugeln in Frischhaltefolie gewickelt in den Kühlschrank legen.

4 Für die Streusel Mehl in eine Rührschüssel geben. Zucker, Vanillin-Zucker, Zimt und Butter hinzufügen. Die Zutaten mit dem Mixer (Rührstäbe) zunächst kurz auf niedrigster, dann auf höchster Stufe zu Streuseln von gewünschter Größe verarbeiten.

5 Ein Viertel der Streusel gleichmäßig auf dem Knetteigboden verteilen. Die Springform auf dem Rost in den vorgeheizten Backofen (unteres Drittel) schieben. Den Boden etwa 15 Minuten backen. Die anderen 3 Böden ebenso vorbereiten und backen.

6 Die Streuselböden sofort nach dem Backen vom Springformboden lösen und einzeln auf einem Kuchenrost erkalten lassen. Einen der Tortenböden noch warm in 12 Tortenstücke schneiden.

7 Für die Füllung Sahne mit Zucker, Sahnesteif und Vanillin-Zucker steif schlagen und portionsweise in einen Spritzbeutel mit Sterntülle (Ø etwa 8 mm) füllen. Die 3 unzerteilten Böden mit jeweils einem Drittel des Pflaumenmuses bestreichen, je ein Drittel der Schlagsahne daraufspritzen und mit dem geschnittenen Boden zu einer Torte zusammensetzen. Die Torte zugedeckt etwa 1 Stunde in den Kühlschrank stellen. Nach Belieben die Torte kurz vor dem Servieren mit Puderzucker bestäuben.

Tipp: Die Torte mit einem Sägemesser schneiden.

Strand, Wind und Wellen. Hier kann man die Seele baumeln lassen.

Ende Juni sind sie reif! Jetzt beginnt die Erntezeit für Johannisbeeren.

Träublestorte
Träublestorte

Schwäbischer Johannisbeer-Baiser-Traum. „Oifach super“.

12 Stücke

Für den Knetteig:
250 g Weizenmehl
65 g Zucker
1 Pck. Dr. Oetker Vanillin-Zucker
1 Prise Salz
1 Ei (Größe M)
125 g Butter oder Margarine (zimmerwarm)

Außerdem:
1 EL Weizenmehl

Für den Belag:
500 g rote Johannisbeeren
5 Eiweiß (Größe M)
175 g Zucker
100 g abgezogene, gem. Mandeln
60 g Speisestärke

Zubereitungszeit: etwa 45 Minuten
Backzeit: etwa 72 Minuten

1 Den Backofen vorheizen.
Ober-/Unterhitze: etwa 200 °C
Heißluft: etwa 180 °C

2 Für den Teig Mehl in eine Rührschüssel geben. Restliche Zutaten hinzufügen und mit einem Mixer (Knethaken) zunächst kurz auf niedrigster, dann auf höchster Stufe gut durcharbeiten. Anschließend auf einer leicht bemehlten Arbeitsfläche kurz zu einem Teig verkneten und mit den Händen zu einer Kugel formen.

3 Zwei Drittel des Teiges auf dem Boden einer Springform (Ø 26 cm, gefettet) ausrollen. Den Springformrand darumstellen.

4 Unter den restlichen Teig 1 Esslöffel Mehl kneten und zu einer langen Rolle formen. Die Rolle als Rand auf den Teigboden legen und so an die Form drücken, dass ein etwa 4 cm hoher Rand entsteht. Den Teigboden mehrmals mit einer Gabel einstechen.

5 Die Form auf dem Rost in den vorgeheizten Backofen (unten) schieben. Den Boden etwa 12 Minuten vorbacken.

6 Für den Belag inzwischen Johannisbeeren abspülen, abtropfen lassen und von den Rispen streifen. Eiweiß so steif schlagen, dass ein Messerschnitt sichtbar bleibt. Nach und nach Zucker unterschlagen. Mandeln mit Speisestärke vorsichtig unterrühren, anschließend die Beeren unterheben.

7 Die Backofentemperatur um 20 °C herunterschalten. Auf dem noch heißen Tortenboden die Johannisbeer-Baiser-Masse kuppelförmig verteilen. Die Form wieder in den Backofen schieben und die Torte weitere etwa 60 Minuten backen (die Baisermasse sollte goldbraun sein).

8 Die Form auf einen Kuchenrost stellen. Die Träublestorte in der Form erkalten lassen und erst anschließend vorsichtig aus der Form lösen.

Tipp: Servieren Sie geschlagene Sahne dazu.

Eierschecke

Drei Schichten müssen es schon sein. Damit ist nicht nur in Dresden was gebacken.

Historisches Panorama von „Elbflorenz“ mit Frauenkirche und Weißer Flotte

20 Stücke

Für den Hefeteig:
125 ml Milch
100 g Butter oder Margarine
300 g Weizenmehl
1 Pck. Dr. Oetker Trockenbackhefe
50 g Zucker
1 Pck. Dr. Oetker Vanillin-Zucker
4 Tropfen Zitronen-Aroma
1 Prise Salz
1 Ei (Größe M)

Für den Quarkbelag:
1 Pck. Dr. Oetker Pudding-Pulver Vanille-Geschmack
40 g Zucker
500 ml Milch
500 g Magerquark
50 g Rosinen

Für die Eiercreme:
4 Eiweiß (Größe M)
je 125 g Butter (zimmerwarm) und Zucker
4 Eigelb (Größe M)
15 g Speisestärke

Zubereitungszeit: 40 Minuten, ohne Abkühl- und Gehzeit
Backzeit: etwa 30 Minuten

1 Für den Teig Milch in einem kleinen Topf erwärmen. Die Butter oder Margarine darin zerlassen.

2 Mehl in eine Rührschüssel geben und mit Trockenbackhefe sorgfältig vermischen. Zucker, Vanillin-Zucker, Aroma, Salz, Ei und die warme Milch-Fett-Mischung hinzufügen. Die Zutaten mit einem Mixer (Knethaken) zunächst kurz auf niedrigster, dann auf höchster Stufe in etwa 5 Minuten zu einem glatten Teig verarbeiten. Den Teig zugedeckt so lange an einem warmen Ort gehen lassen, bis er sich sichtbar vergrößert hat.

3 Für den Quarkbelag aus Pudding-Pulver, Zucker und Milch nach Packungsanleitung einen Pudding kochen. Den Pudding in eine Schüssel geben, Frischhaltefolie direkt auf die Oberfläche des Puddings legen und den Pudding erkalten lassen.

4 Den Backofen vorheizen.
Ober-/Unterhitze: etwa 180 °C
Heißluft: etwa 160 °C

5 Quark und Rosinen unter den erkalteten Pudding rühren. Den Teig auf der leicht bemehlten Arbeitsfläche nochmals kurz durchkneten, zu einer Rolle formen und auf einem Backblech mit hohem Rand (30 x 40 cm, gefettet) ausrollen. Den Quarkbelag auf dem Teig verstreichen.

6 Für die Eiercreme Eiweiß steif schlagen. Die Butter mit dem Mixer (Rührstäbe) geschmeidig rühren. Nach und nach den Zucker unterrühren. So lange rühren, bis eine gebundene Masse entstanden ist. Eigelb nach und nach unterrühren.

7 Den Eischnee auf die Eigelbmasse geben, Speisestärke daraufsieben und beides vorsichtig unterheben. Die Eiercreme auf dem Quarkbelag verteilen und glatt streichen.

8 Das Backblech in den vorgeheizten Backofen (unteres Drittel) schieben. Den Kuchen etwa 30 Minuten backen.

9 Das Backblech auf einen Kuchenrost stellen und die Eierschecke darauf erkalten lassen.

Tipps: Besonders aromatisch schmeckt die Eierschecke, wenn Sie die Rosinen für den Quarkbelag vorher in 2 Esslöffeln Rum einweichen.
Wenn Sie kein Backblech mit einem hohen Rand zur Verfügung haben, können Sie den Kuchen auch in einer Fettpfanne (30 x 40 cm) zubereiten oder Sie können einen Backrahmen in der Größe des Backblechs auf ein normales Backblech stellen.

Donauwellen

Donauwellen

Das ist die perfekte Welle, das ist der perfekte Tag.

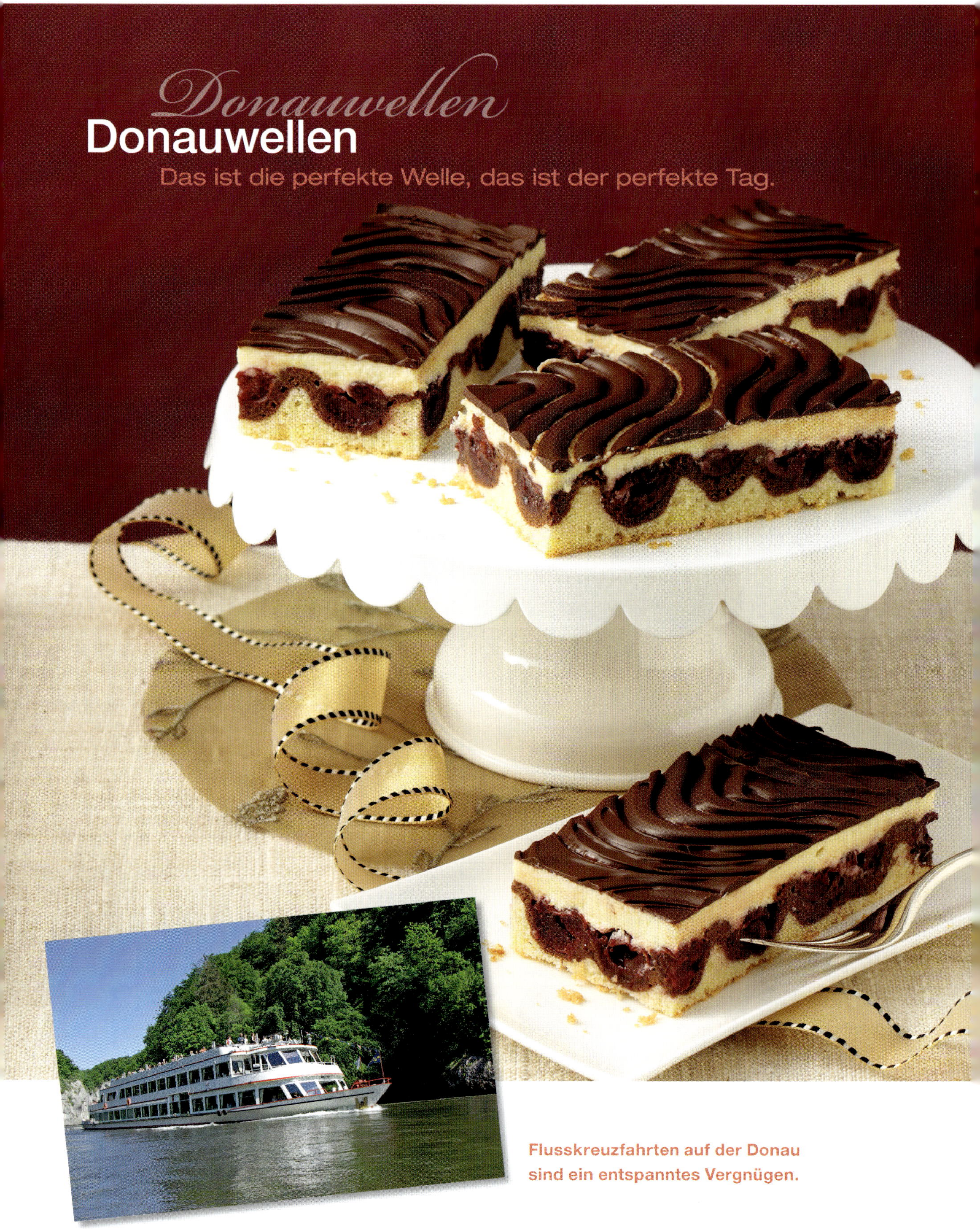

Flusskreuzfahrten auf der Donau sind ein entspanntes Vergnügen.

20 Stücke

Für den Rührteig:
250 g Butter oder Margarine (zimmerwarm)
200 g Zucker
1 Pck. Dr. Oetker Vanillin-Zucker
1 Prise Salz
5 Eier (Größe M)
375 g Weizenmehl
3 gestr. TL Dr. Oetker Backin
20 g gesiebtes Kakaopulver
1 EL Milch

700 g abgetropfte Sauerkirschen (aus dem Glas)

Für die Buttercreme:
1 Pck. Dr. Oetker Pudding-Pulver Vanille-Geschmack
100 g Zucker
500 ml Milch
250 g Butter (zimmerwarm)

Für den Guss:
200 g Zartbitter-Schokolade (etwa 50 % Kakaoanteil)
2 EL Speiseöl, z. B. Sonnenblumenöl

Zubereitungszeit: 45 Minuten, ohne Kühlzeit
Backzeit: etwa 40 Minuten

1 Den Backofen vorheizen.
Ober-/Unterhitze: etwa 180 °C
Heißluft: etwa 160 °C

2 Für den Teig Butter oder Margarine mit einem Mixer (Rührstäbe) auf höchster Stufe geschmeidig rühren. Nach und nach Zucker, Vanillin-Zucker und Salz unterrühren. So lange rühren, bis eine gebundene Masse entstanden ist.

3 Eier nach und nach unterrühren (jedes Ei etwa ½ Minute). Mehl mit Backpulver mischen und in 2 Portionen auf mittlerer Stufe kurz unterrühren. Knapp zwei Drittel des Teiges auf ein Backblech (30 x 40 cm, gefettet) streichen. Das Kakaopulver mit der Milch unter den restlichen Teig rühren. Den dunklen Teig gleichmäßig auf dem hellen verteilen.

4 Die Sauerkirschen kurz auf Küchenpapier legen, dann gleichmäßig auf dem dunklen Teig verteilen und mit einem Löffel etwas in den Teig drücken. Das Backblech in den vorgeheizten Backofen (unteres Drittel) schieben. Den Boden etwa 40 Minuten backen.

5 Das Backblech auf einen Kuchenrost stellen. Den Boden erkalten lassen.

6 Für die Buttercreme aus Pudding-Pulver, 100 g Zucker und Milch nach Packungsanleitung einen Pudding zubereiten. Den Pudding erkalten lassen (nicht kalt stellen), dabei gelegentlich durchrühren.

7 Die Butter mit dem Mixer (Rührstäbe) geschmeidig rühren. Den erkalteten Pudding esslöffelweise darunterrühren, dabei darauf achten, dass Butter und Pudding Zimmertemperatur haben, da die Buttercreme sonst gerinnt. Die erkaltete Gebäckplatte gleichmäßig mit der Buttercreme bestreichen. Den Kuchen zugedeckt etwa 1 Stunde in den Kühlschrank stellen.

8 Für den Guss Schokolade in Stücke brechen und mit dem Öl im Wasserbad bei schwacher Hitze unter Rühren schmelzen. Den Guss auf die fest gewordene Buttercreme streichen und mit einem Tortengarnierkamm verzieren.

Tipps: Legen Sie zum Abkühlen des Puddings Frischhaltefolie direkt auf die Oberfläche. Es bildet sich keine Haut und der Pudding muss zwischendurch nicht umgerührt werden. Der Kuchen ist gefriergeeignet.
Wenn Sie kein Backblech mit hohem Rand haben, können Sie auch einen Backrahmen in Größe des Backbleches auf ein normales Backblech stellen und den Kuchen wie im Rezept beschrieben zubereiten.

Wiener Apfelstrudel

Duftet wunderbar, schmeckt wunderbar. Das richtige Kaffeehaus-Gefühl.

12 Stücke

Für den Strudelteig:

200 g Weizenmehl
1 Prise Salz
75 ml lauwarmes Wasser
50 g zerlassene Butter oder Margarine
oder 3 EL Speiseöl, z. B. Sonnenblumenöl

50 g Semmelbrösel

Für die Füllung:

1–1 ½ kg Äpfel, z. B. Cox Orange, Elstar
3 Tropfen Zitronen-Aroma
75 g Butter oder Margarine
50 g Rosinen
100 g Zucker
1 Pck. Dr. Oetker Vanillin-Zucker
50 g gem. oder gehackte Mandeln

Zubereitungszeit: 50 Minuten, ohne Ruhezeit
Backzeit: etwa 50 Minuten

1 Für den Teig Mehl in eine Rührschüssel geben. Restliche Teigzutaten hinzufügen und mit einem Mixer (Knethaken) zunächst kurz auf niedrigster, dann auf höchster Stufe zu einem glatten Teig verarbeiten. In einem kleinen Topf Wasser kochen, das Wasser ausgießen und den Topf abtrocknen.

2 Den Teig auf Backpapier in den heißen Topf legen. Den Topf mit dem Deckel verschließen und den Teig 30 Minuten ruhen lassen. Die Semmelbrösel in einer Pfanne ohne Fett unter Wenden goldbraun rösten und auf einen Teller geben.

3 Den Backofen vorheizen.
Ober-/Unterhitze: etwa 180 °C
Heißluft: etwa 160 °C

4 Für die Füllung Äpfel schälen, vierteln, entkernen und in feine Stifte schneiden. Das Aroma untermischen. Butter oder Margarine zerlassen. Den Teig halbieren und jede Teighälfte auf einem großen bemehlten Geschirrtuch ausrollen.

5 Die beiden Teige dünn mit etwas von dem Fett bestreichen, dann mit den Händen zu jeweils einem Rechteck (etwa 35 x 25 cm) ausziehen. Die Ränder, wenn sie dicker sind, abschneiden. Zwei Drittel des Fettes auf den Teigplatten verstreichen, Brösel daraufstreuen (an den Seiten etwa 2 cm Rand frei lassen).

6 Nacheinander Apfelstifte, Rosinen, Zucker, Vanillin-Zucker und Mandeln darauf verteilen. Die frei gelassenen Teigränder der kurzen Seiten auf die Füllung klappen. Die Teigplatten mithilfe des Tuches von der längeren Seite aus aufrollen und an den Enden gut zusammendrücken.

7 Die Strudel mit der Naht nach unten auf ein Backblech (gefettet) legen, mit etwas Fett bestreichen. Das Backblech in den vorgeheizten Backofen (unteres Drittel) schieben. Die Strudel etwa 50 Minuten backen.

8 Nach etwa 30 Minuten Backzeit die Strudel mit dem restlichen Fett bestreichen.

9 Das Backblech auf einen Kuchenrost stellen. Die Strudel darauf erkalten lassen oder warm servieren.

Tipps: Verfeinern Sie die Füllung zusätzlich mit einigen Tropfen Rum-Aroma.
Dazu schmeckt Vanillesauce, die Sie mit etwas Zimt abschmecken können.
Backen Sie statt 2 kleiner Strudel 1 großen Strudel.

Das Palmenhaus im Wiener Burggarten ist ein beliebter Treffpunkt.

Kalter Hund

Kalter Hund

Energiesparender geht es nicht: Ein Kuchen ohne Backen.

20 Stücke

Für die Schokoladencreme:

150 g Zartbitter-Kuvertüre (etwa 50 % Kakaoanteil)
450 g Vollmilch-Kuvertüre (etwa 30 % Kakaoanteil)
150 g Kokosfett
200 g Schlagsahne
2 Pck. Dr. Oetker Vanillin-Zucker

Außerdem:

etwa 300 g Butterkekse

1 großer Gefrierbeutel

Zubereitungszeit: 1 Stunde, ohne Kühlzeit

1 Eine Kastenform (25 x 11 cm) mit einem aufgeschnittenen Gefrierbeutel auslegen.

2 Für die Schokoladencreme beide Kuvertüren grob hacken. Kokosfett in Stücke schneiden. Sahne in einem Topf erwärmen, die Kuvertürestücke und das Kokosfett darin schmelzen und gut verrühren, Vanillin-Zucker unterrühren.

3 Die vorbereitete Kastenform mit einer Schicht Butterkekse auslegen. Die Kekse mit einem Sägemesser evtl. zurechtschneiden oder zerbrechen. Nur so viel Schokoladencreme auf der Keksschicht verteilen, dass diese bedeckt ist. Abwechselnd Schokoladencreme und Kekse in die Kastenform einschichten (je 7–8 Schichten).

4 Die Kastenform etwa 5 Stunden zugedeckt kalt stellen (am besten über Nacht, damit die Creme fest wird).

5 Das Gebäck vorsichtig auf eine Platte stürzen. Gefrierbeutel vorsichtig abziehen und den Kalten Hund bis zum Servieren zugedeckt in den Kühlschrank stellen.

Tipps: Rühren Sie unter die Schokoladencreme 2 Portionspäckchen (je 2 g) Instant-Espresso-Pulver.
Damit der Gefrierbeutel nicht wegrutschen kann, beim Einschichten die Form einfach etwas fetten und erst dann die Form mit dem Gefrierbeutel auslegen.

Kalter Hund mal anders.

Nussecken

Lust auf Mathe? Gleichschenkelige Dreiecke können richtig Spaß machen.

30 Stück

Für den Knetteig:
225 g Weizenmehl
1 gestr. TL Dr. Oetker Backin
100 g Zucker
1 Pck. Dr. Oetker Vanillin-Zucker
1 Ei (Größe M)
1 EL Wasser
100 g Butter oder Margarine (zimmerwarm)

Für den Belag:
150 g Butter
150 g Zucker
2 Pck. Dr. Oetker Vanillin-Zucker
3 EL Wasser
100 g gem. Haselnusskerne
200 g gehobelte Haselnusskerne
3 EL Aprikosenkonfitüre

Für den Guss:
100 g Zartbitter-Schokolade (etwa 50 % Kakaoanteil)

Zubereitungszeit: 30 Minuten, ohne Abkühlzeit
Backzeit: etwa 25 Minuten
Haltbarkeit: etwa 3 Wochen in gut schließenden Dosen

1 Den Backofen vorheizen.
Ober-/Unterhitze: etwa 180 °C
Heißluft: etwa 160 °C

2 Für den Teig Mehl mit Backpulver in einer Rührschüssel mischen. Restliche Zutaten hinzufügen und mit einem Mixer (Knethaken) zunächst kurz auf niedrigster, dann auf höchster Stufe gut durcharbeiten.

3 Anschließend auf einer leicht bemehlten Arbeitsfläche kurz zu einem Teig verkneten. Den Teig mit den Händen zu einer Rolle formen.

4 Für den Belag Butter mit Zucker, Vanillin-Zucker und Wasser in einem Topf unter Rühren langsam erwärmen und zerlassen. Gemahlene und gehobelte Haselnusskerne unterrühren. Den Topf von der Kochstelle nehmen und den Belag etwa 10 Minuten abkühlen lassen.

5 Den Teig auf einem Backblech (30 x 40 cm, gefettet) ausrollen. Zuerst die Aprikosenkonfitüre darauf verstreichen, dann den Belag gleichmäßig auf dem Teig verteilen.

6 Das Backblech in den vorgeheizten Backofen (Mitte) schieben. Die Gebäckplatte etwa 25 Minuten backen.

7 Das Backblech auf einen Kuchenrost stellen. Die Gebäckplatte etwa 20 Minuten erkalten lassen. Anschließend die Gebäckplatte in Quadrate (je etwa 8 x 8 cm) schneiden und diese diagonal halbieren, sodass Dreiecke entstehen.

8 Für den Guss Schokolade in kleine Stücke brechen. Zwei Drittel davon in einem Topf im Wasserbad bei schwacher Hitze unter Rühren schmelzen. Den Topf aus dem Wasserbad nehmen und die restliche Schokolade darin unter Rühren schmelzen. Jeweils die beiden spitzen Ecken der Gebäckdreiecke in den Guss tauchen. Die Nussecken auf einen Kuchenrost oder etwas Backpapier legen. Den Guss trocknen lassen.

Tipps: Anstatt die Ecken des Gebäcks in den Guss zu tauchen, können Sie das komplette Gebäck nach dem Schneiden mit der Schokolade besprenkeln. So sparen Sie etwas Zeit, wenn es mal schneller gehen muss.
Statt Zartbitter-Schokolade schmeckt als Guss auch Vollmilch- oder weiße Schokolade. Sie können den Guss aber auch ganz weglassen.
Für kleinere Nussecken (etwa 140 Stück) das Gebäck erst in kleinere Quadrate (etwa 4 x 4 cm) schneiden, dann diagonal halbieren.

Variante: Für **Kokosecken** können Sie die Haselnusskerne durch 200 g Kokosraspel ersetzen.

Winterstimmung und Weihnachtsmarkt
im erzgebirgischen Annaberg-Buchholz

Vanillekipferl

Diese kleinen Hörnchen muss man sich einfach mal auf der Zunge zergehen lassen.

60 Stück
Für den Knetteig:
200 g Weizenmehl
1 Msp. Dr. Oetker Backin
100 g Zucker
1 Pck. Dr. Oetker Vanillin-Zucker
2 Eigelb (Größe M)
170 g Butter oder Margarine
100 g abgezogene, gem. Mandeln

Zum Bestäuben:
50 g Puderzucker
1 Pck. Dr. Oetker Vanillin-Zucker

Zubereitungszeit: 70 Minuten, ohne Kühlzeit
Backzeit: etwa 10 Minuten je Backblech
Haltbarkeit: etwa 3 Wochen in gut schließenden Dosen

1 Für den Teig Mehl mit Backpulver in einer Rührschüssel mischen. Restliche Zutaten hinzufügen und mit einem Mixer (Knethaken) zunächst kurz auf niedrigster, dann auf höchster Stufe gut durcharbeiten. Anschließend auf einer leicht bemehlten Arbeitsfläche kurz zu einem Teig verkneten. Den Teig in 2 Portionen teilen. Jede Teigportion in Frischhaltefolie gewickelt eine Zeit lang in den Kühlschrank legen.

2 Den Backofen vorheizen.
Ober-/Unterhitze: etwa 180 °C
Heißluft: etwa 160 °C

3 Eine Teigportion zu fingerdicken Rollen formen und in etwa 6 cm lange Stücke schneiden. Die Stücke an den Enden etwas dünner rollen. Die Rollen einzeln auf Backbleche (gefettet, mit Backpapier belegt) legen und zu kleinen Hörnchen formen.

4 Die zweite Teigportion auf die gleiche Weise verarbeiten. Die Backbleche nacheinander (bei Heißluft zusammen) in den vorgeheizten Backofen schieben. Die Vanillekipferl etwa 10 Minuten je Backblech backen.

5 Zum Bestäuben den Puderzucker mit dem Vanillin-Zucker in einer kleinen Schüssel mischen.

6 Die Vanillekipferl mit dem Backpapier von den Backblechen auf Kuchenroste ziehen. Die warmen Vanillekipferl mit der Puderzuckermischung bestäuben und erkalten lassen.

Berliner Mit Alkohol

In Berlin heißen Berliner Pfannkuchen. Und Pfannkuchen sind Eierkuchen. Alles klar?

14–16 Stück
Für den Hefeteig:
125 ml Milch
100 g Butter oder Margarine
500 g Weizenmehl
1 Pck. Dr. Oetker Trockenbackhefe
30 g Zucker
1 Pck. Dr. Oetker Vanillin-Zucker
3 Tropfen Rum-Aroma
1 gestr. TL Salz
2 Eier (Größe M)
1 Eigelb (Größe M)

Zum Ausbacken:
Ausbackfett

Für die Füllung:
300 g Konfitüre nach Belieben oder 250 g Pflaumenmus oder Gelee

Zum Wenden:
etwas Zucker

Zubereitungs- und Backzeit: 1 Stunde, ohne Teiggehzeit

1 Für den Teig Milch in einem kleinen Topf erwärmen. Die Butter oder Margarine darin zerlassen.

2 Mehl in eine Rührschüssel geben und mit Trockenbackhefe sorgfältig vermischen. Zucker, Vanillin-Zucker, Aroma, Salz, Eier, Eigelb und die warme Milch-Fett-Mischung hinzufügen. Die Zutaten mit einem Mixer (Knethaken) zunächst kurz auf niedrigster, dann auf höchster Stufe in etwa 5 Minuten zu einem glatten Teig verarbeiten. Den Teig zugedeckt so lange an einem warmen Ort gehen lassen, bis er sich sichtbar vergrößert hat.

3 Den Teig auf der Arbeitsfläche nochmals kurz durchkneten. Den Teig auf der leicht bemehlten Arbeitsfläche gut 1 cm dick ausrollen und 14–16 Kreise (Ø etwa 7 cm) ausstechen. Die Teigkreise zwischen zwei mit Mehl bestäubten Tüchern nochmals gehen lassen, bis sie sich sichtbar vergrößert haben.

4 Zum Ausbacken in der Zwischenzeit das Ausbackfett in einem Topf oder einer Fritteuse auf etwa 175 °C erhitzen, sodass sich um einen in das Fett gehaltenen Holzlöffelstiel Bläschen bilden.

5 Die Teigkreise portionsweise in das siedende Ausbackfett geben, von beiden Seiten goldbraun backen, mit einem Schaumlöffel herausnehmen und auf Küchenpapier gut abtropfen lassen.

6 Für die Füllung Konfitüre durch ein Sieb streichen oder Pflaumenmus oder Gelee glatt rühren, in einen Spritzbeutel mit kleiner, langer Lochtülle füllen. In jeden Berliner damit seitlich durch den hellen Rand etwas Füllung spritzen.

7 Die Berliner noch warm in Zucker wenden und auf einem Kuchenrost erkalten lassen.

Tipps: Sie können den Hefeteig unter Punkt 3 auch in 14–16 gleich große Portionen teilen und zu Kugeln formen. Für **Berliner mit Zuckerguss** verrühren Sie Puderzucker mit so viel Wasser, dass ein streichfähiger Guss entsteht. Berliner mit dem Guss bestreichen, Guss trocknen lassen.

Silvester- und Karneval werden massenhaft Berliner „gebacken“.

Allgemeine Hinweise

Lesen Sie bitte vor der Zubereitung – besser noch vor dem Einkauf – das Rezept einmal vollständig durch. Oft werden Arbeitsabläufe oder -zusammenhänge dann klarer.

Zutatenliste
Die Zutaten sind in der Reihenfolge ihrer Verarbeitung aufgeführt.

Arbeitsschritte
Die Arbeitsschritte sind einzeln hervorgehoben, in der Reihenfolge, in der sie von uns ausprobiert wurden.

Zubereitungszeiten
Die Zubereitungszeit ist ein Anhaltswert für die Dauer der Vorbereitung und die eigentliche Zubereitung. Längere Wartezeiten wie Kühl- oder Abkühlzeiten, Auftau- und Durchziehzeiten sind, sofern parallel keine weitere Tätigkeit erfolgt, nicht in der Zubereitungszeit enthalten. Die Gar- und Backzeiten werden in der Regel gesondert ausgewiesen.

Backofeneinstellung und Back- und Garzeiten
Die in den Rezepten angegebenen Backtemperaturen, Back- und Garzeiten sind Richtwerte, die je nach individueller Hitzeleistung Ihres Backofens über- oder unterschritten werden können. Machen Sie nach Beendigung der angegebenen Backzeit eine Garprobe.
Die Temperaturangaben in diesem Buch beziehen sich auf Elektrobacköfen. Die Temperatureinstellungsmöglichkeiten für Gasbacköfen variieren je nach Hersteller, sodass wir keine allgemeingültigen Angaben machen können. Bitte beachten Sie deshalb bei der Einstellung des Backofens die Gebrauchsanleitung des Herstellers. Ein Backofenthermometer eignet sich dabei gut, um die Backofentemperatur im Blick zu haben.

Einschubhöhe
Hohe und halbhohe Formen werden im Allgemeinen auf dem Rost auf die untere Einschubleiste geschoben, flache Formen auf die mittlere Einschubleiste. Blechkuchen, Kleingebäck und Eiweißgebäck gelingen am besten in der Mitte des Backofens. Abweichungen sind möglich und von der Ausführung Ihres Backofens abhängig. Beachten Sie daher auch die Angaben Ihres Herstellers.

Abkürzungen
EL = Esslöffel
TL = Teelöffel
Msp. = Messerspitze
Pck. = Packung/Päckchen
g = Gramm
kg = Kilogramm
ml = Milliliter
l = Liter
evtl. = eventuell
geh. = gehäuft
gem = gemahlen
ger. = gerieben
gestr. = gestrichen
TK = Tiefkühlprodukt
°C = Grad Celsius
Ø = Durchmesser

Titelrezept

Krustenbraten

6 Portionen
Salzwasser
1 ¼ kg Schweinekeule mit Schwarte
2 Zwiebeln
1 Bund Suppengrün (Möhre, Sellerie, Porree)
20 g Butterschmalz oder Margarine
500 ml Bier
Salz
gem. Pfeffer
1 TL gem. Kümmel
6 Gewürznelken
evtl. etwas Fleischbrühe oder Wasser
1 EL Speisestärke

Zubereitungszeit:
2 Stunden

1 Reichlich Salzwasser in einem weiten Topf zum Kochen bringen. Die Schweinekeule darin bei schwacher Hitze etwa 45 Minuten köcheln lassen.

2 In der Zwischenzeit Zwiebeln abziehen und vierteln. Suppengrün putzen, abspülen, abtropfen lassen und in kleine Stücke schneiden. Butterschmalz oder Margarine in einem Bräter erhitzen und das Gemüse darin gut anbraten. Dann die Hälfte des Biers dazugießen.

3 Den Backofen vorheizen.
Ober-/Unterhitze: 200–220 °C
Heißluft: 180–200 °C

4 Das Fleisch aus dem Wasser nehmen, abtropfen lassen und die Schwarte rautenförmig etwa 1 cm tief einschneiden. Fleisch mit Salz, Pfeffer und Kümmel bestreuen. Die Nelken in die Kreuzungspunkte der Einschnitte stecken.

5 Das Fleisch auf das Gemüse in den Bräter legen. Den Bräter ohne Deckel auf dem Rost in den vorgeheizten Backofen schieben. Den Braten etwa 45 Minuten garen. Dabei gelegentlich etwas Bier über das Fleisch gießen.

6 Etwa 10 Minuten vor Beendigung der Garzeit das Fleisch mit Bier bestreichen und fertig garen lassen. Sollte die Flüssigkeit nicht ausreichen, etwas Brühe oder Wasser dazugießen.

7 Den Krustenbraten herausnehmen und zugedeckt etwas ruhen lassen. Bratensatz durch ein Sieb geben und zum Kochen bringen. Speisestärke mit etwas Wasser anrühren und unterrühren. Die Sauce etwa 5 Minuten kochen, dabei gelegentlich umrühren, mit Salz und Pfeffer abschmecken.

Beilage: Gemüse und Kartoffelklöße oder dicke Scheiben rustikales Bauernbrot.

Alphabetisches Register

Kapitelregister

Für Fragen, Vorschläge oder Anregungen stehen Ihnen der Verbraucherservice der Dr. Oetker Versuchsküche Telefon: 00800 71 72 73 74 Mo.–Fr. 8:00–18:00 Uhr, Sa. 9:00–15:00 Uhr (gebührenfrei in Deutschland) oder die Mitarbeiter des Dr. Oetker Verlages Telefon: +49 (0) 521 52 06 51 Mo.–Fr. 9:00–15:00 Uhr zur Verfügung.

Oder Sie schreiben uns: Dr. Oetker Verlag KG, Am Bach 11, 33602 Bielefeld.
Oder besuchen Sie uns online unter www.oetker-verlag.de, www.facebook.com / Dr. OetkerVerlag oder www.oetker.de.

Umwelthinweis — Dieses Buch und der Einband wurden auf chlorfrei gebleichtem Papier gedruckt. Die Einschrumpffolie – zum Schutz vor Verschmutzung – ist aus umweltfreundlichem und recyclingfähigem PE-Material.

Redaktion — Christina Langner

Titelfoto — Thomas Diercks (Fotostudio Diercks), Hamburg

Innenfotos (Rezepte) — Fotostudio Diercks – Thomas Diercks / Kai Boxhammer / Christiane Krüger, Hamburg
außer:
Walter Cimbal, Hamburg (S. 10/11, 100, 147)
Janne Peters, Hamburg (S. 52/53)
Antje Plewinski, Berlin (S. 34, 152)

Kleine Innenfotos — Fotolia LLC, New York
außer:
Torsten Elger, Berlin (S. 31)
Matthias Rübner, Forchheim (S. 72)
kontur:design, Bielefeld (S. 126)

Vorwort, Subheads und Bildunterschriften — Klaus Schäfer, Bonn

Foodstyling — Rocco Dressel, Hamburg

Rezeptberatung — Olaf Brummel, Bielefeld

Grafisches Konzept, Satz und Titelgestaltung — kontur:design, Bielefeld

Reproduktionen — Repro Ludwig, Zell am See, Österreich

Druck und Bindung — Druckerei Stürtz, Würzburg

ISBN: 978-3-7670-0997-4